Unser Landkreis Dillingen a.d.Donau

Bernd Wißner • Ute Haidar • Martina Streble
Fotos von Angelika Prem

Wißner-Verlag Augsburg

1000
Im Mittelalter entstehen schöne Burgen und Schlösser.
→ S. 20

1500
Die Reformation bringt die christliche Welt in Aufruhr.
→ S. 22

1500
Die Schlacht von Höchstädt 1704 verwüstet das Land.
→ S. 24

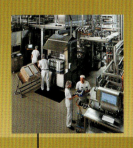

2000
Wirtschaftlicher Wandel
→ S. 28

Unsere Heimat: Landkreis Dillingen a. d. Donau

Heimat, was ist das eigentlich? Heimat ist die Gegend oder Landschaft, in der wir leben und viel erleben. Wir fühlen uns in der Heimat sicher, wohl, geborgen und dazugehörig. Wir sprechen die Sprache unserer Heimat. In der Heimat wollen wir uns auskennen, und vieles an unserer Heimat interessiert uns. Für unsere Heimat sind auch wir verantwortlich, wir sollten deshalb mitmachen und helfen, sie lebenswert zu gestalten.

Unsere Heimat ist die Gemeinde, in der wir wohnen, und der Landkreis, in dem diese Gemeinde liegt. Das ist der Landkreis Dillingen. Und weil es noch ein anderes Dillingen an der Saar gibt, wird unser Landkreis „Dillingen a. d. Donau" genannt. Es ist ein ganz besonderer Landkreis! Die Donau kennen viele Menschen auf der Welt. Vier große europäische Hauptstädte liegen an ihr!

Den **Landkreis Dillingen a. d. Donau** gibt es in seiner heutigen Form erst seit 1972. Seitdem besteht er aus fünf Städten, drei Märkten und 19 Gemeinden.

Früher wurden die Orte in unserem Landkreis von vielen verschiedenen Herrschern regiert. Sie gehörten vor allem Adelsfamilien und der Kirche. Heute erinnern noch prächtige Schlösser (hier in Haunsheim) an die alten Grundherren. Auch die Heimatmuseen im Landkreis laden zu einer spannenden Zeitreise in die Vergangenheit ein!

Außer der schönen **Landschaft** mit vielen Seen und Wäldern prägen **Geschichte** und Kultur unseren Landkreis. Die Kelten, die Römer und die Alemannen haben die ersten Siedlungen und Straßen angelegt und für ein Gemeinwesen gesorgt, auf das wir heute noch aufbauen.

Dieser römische Meilenstein wurde in der Gundelfinger Pfarrkirche gefunden.

Bildung hat in unserem Landkreis eine lange Tradition. Schon 1549 wurde in Dillingen eine Universität gegründet, für die die Stadt damals sehr bekannt und angesehen war. Heute ist im alten Universitätsgebäude die Akademie für Lehrerfortbildung und Personalführung untergebracht (Bild).

Unser Landkreis ist ein beliebtes Feriengebiet, eine tolle Entdeckungs- und Erholungslandschaft. Besonders beliebt ist der Donau-Radweg. Weitere schöne Touren führen beispielsweise durch das Kesseltal oder entlang der alten Römerstraße Via Danubia. Vor allem in der Schwäbischen Alb kannst du auf ausgeschilderten Wanderwegen die Landschaft erkunden. Von dort bieten sich herrliche Blicke auf das weite Donautal.

Die Menschen im Dillinger Land arbeiten in Industrie, Handwerk und Handel. In unserer Region betreibt z. B. das Unternehmen BSH die größte Produktionsstätte für Geschirrspüler in Europa. Dort sind mehr als 2000 Mitarbeiter beschäftigt!

BSH Dillingen

Neben der Industrie ist auch die Landwirtschaft wichtig. Die fruchtbaren Böden müssen gepflegt werden, denn die Nahrung, die darauf wächst, ist unsere Lebensgrundlage.

SAME DEUTZ-FAHR, Lauingen

Inhaltsverzeichnis

Unsere Heimat: Landkreis Dillingen a. d. Donau	2
Der Landkreis Dillingen a. d. Donau	4
Das Land entsteht	6
Flüsse und Bäche	8
Erste Lebensspuren – wie alles begann	10
Steinzeit – die ersten Menschen	12
Bronzezeit	13
Die Eisenzeit und die Kelten	14
Die Römer erobern das Land	16
Die Alemannen besiedeln das Land	18
Mittelalter	20
Reformation und 30-jähriger Krieg	22
Die Neuzeit – der Weg in die moderne Welt	23
Die Schlacht von Höchstädt 1704	24
Das Land wird bayerisch	25
Zweiter Weltkrieg – Deutschland am Abgrund	26
Wirtschaftlicher Wandel	28
Landkreis Dillingen a. d. Donau	30
Die Gemeinden:	
Dillingen	32
Verwaltungsgemeinschaft Höchstädt	34
Bissingen	40
Buttenwiesen	42
Verwaltungsgemeinschaft Wertingen	44
Verwaltungsgemeinschaft Holzheim	50
Verwaltungsgemeinschaft Gundelfingen	54
Verwaltungsgemeinschaft Syrgenstein	58
Verwaltungsgemeinschaft Wittislingen	61
Lauingen	64
Wie funktioniert eine Gemeinde?	66
Sauberes Wasser	68
Menschen helfen Menschen	70
Wohin mit dem Müll?	72
Energieversorgung	74
Bräuche in unserer Heimat	76
Sagen und Legenden	78
Heimatmuseen	80
Natur im Landkreis	82
Vom Luftbild zur Landkarte	84
Der Bezirk Schwaben	86
Schulen im Landkreis	88
Stichwortverzeichnis	89

Dein Landkreis Dillingen ist ein besonders schönes und wertvolles Land – schau dich nur um! Dieses Buch erklärt dir viel über deine Heimat. Nicht alles davon kann in der Schule behandelt werden. Lies auch zu Hause darin, vieles ist für deine ganze Familie interessant.

Der Landkreis Dillingen a.d. Donau

Bayern hat 71 Landkreise. Sie sind in sieben Regierungsbezirke eingeteilt. Fast ganz im Norden des Regierungsbezirks Schwaben liegt unser Landkreis Dillingen. Er hat eine Fläche von insgesamt 792 km². Das entspricht fast 111 000 Fußballfeldern! Obwohl die Fläche so groß ist, dass wir sie uns gar nicht mehr richtig vorstellen können, ist unser Landkreis nur ein winziger Teil von Deutschland. Das kannst du auf der Karte rechts erkennen. Im Landkreis Dillingen leben etwa 94 000 Menschen. Wenn man die Gesamtfläche durch die Zahl der Einwohner teilt, hat jeder etwa 8 400 m² für sich. Das ist etwas mehr als ein Fußballfeld pro Person. Städte wie Dillingen sind dichter bewohnt: Hier müssten sich im Stadtkern zwölf Menschen das Fußballfeld teilen.

1972 wurde der heutige Landkreis Dillingen gegründet. Er entstand damals aus dem westlichen Teil des alten Landkreises Wertingen, der kreisfreien Stadt Dillingen und dem alten Landkreis Dillingen. Auf der Karte kannst du sehen, welche Orte dazugehören.

Landkreiswappen

Das Wappen zeigt, aus welchen drei Teilen unser heutiger Landkreis entstanden ist: Der goldene Löwe im oberen blauen Feld weist auf den früheren Landkreis Dillingen hin. Der schwarze, herschauende Löwe im mittleren Feld steht für die Staufer, eine berühmte schwäbische Adelsfamilie. Dieser Teil wurde aus dem Wappen des aufgelösten Landkreises Wertingen übernommen. Die goldene Lilie auf dem unteren blauen Feld stammt aus dem Dillinger Stadtwappen.

?
1) Wie alt ist der Landkreis Dillingen heute?
2) Wie viele Gemeinden hat der Landkreis Dillingen? Zähle! (Quersumme der Lösung = 9)
3) Suche deine Heimatgemeinde!

Das Land entsteht

Unser Landkreis besteht aus vielen schönen Landschaften, die zu vier Gebieten gehören: der Schwäbischen Alb, der Hochterrasse, dem Donauried und der Iller-Lech-Platte. Diese Gebiete sind durch drei gewaltige Naturereignisse entstanden. Die Wissenschaft über die Entstehung von Landschaften nennt man Geologie und die Wissenschaftler heißen Geologen. Wenn wir den Aufbau einer Landschaft verstehen wollen, müssen wir einen Blick auf viele Millionen Jahre Erdgeschichte werfen.

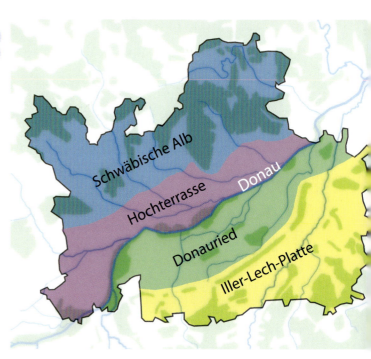

1. Afrika baut einen Unfall

Vor 65 Millionen Jahren schob sich Afrika auf Europa. Die Erdkruste in der Aufprallzone wurde gefaltet wie die Kühlerhaube bei einem Autounfall. Berge und Täler entstanden, denn das

Blech oder die Erdkruste mussten ja irgendwohin ausweichen. Die Erdkruste besteht aus vielen Gesteinsschichten, die sich im Laufe von Millionen Jahren abgelagert haben. Einige Schichten wurden zusammengefaltet und nach oben gedrückt. Das sind die heutigen Alpen, die deshalb als Faltengebirge bezeichnet werden. Andere Schichten wurden nach unten gedrückt. Sie kamen so in eine Schieflage und treten erst wieder Hunderte von Kilometern entfernt an die Oberfläche. Die erste Schicht, die herausragt, ist der sogenannte Weiße Jura. Er bildet die Hügel der Schwäbischen Alb. Der nördliche Teil des Landkreises liegt auf diesem Albgebiet. Zwischen Alb und Alpen entstand erst einmal ein tiefes Tal. Das füllte sich mit Wasser und wurde zu einem Meer. Aber wo ist das Meer geblieben? Dieses Meer wurde nach und nach mit Sanden aufgefüllt, die Flüsse aus den entstehenden Alpen heraustransportiert haben. Die Geologen nennen diese Sande „Molasse".

2. Gletscher spielen Bulldozer

In den letzten 2,5 Millionen Jahren gab es im Gebiet der Alpen sechs Eiszeiten. Die Gletscher reichten von den Gipfeln der Alpen bis etwa nach Landsberg und schoben riesige Geröllhügel ins Land, wie auf dem Bild zu sehen ist.

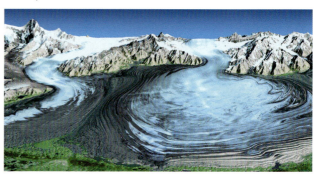

In den Warmzeiten schmolzen die mächtigen Gletscher ab und kilometerbreite Flüsse entstanden. Diese schleppten das Geröll aus den Bergen weit ins Land. Die Hochterrasse und das Donauried liegen auf der Molasse. Der Schotterkörper der Iller-Lech-Platte bedeckt den obersten Teil der Molasse. Der nördliche Teil des Landkreises breitet sich auf der Schwäbischen Alb aus (⇨Querschnitt oben rechts).

Das Gebiet der Hochterrasse besteht aus Schotter, der in der vorletzten Eiszeit abgelagert worden ist. Er ist mit Gesteinsstaub überweht worden. Aus ihm entstand der fruchtbare Boden, der Löss. Auf dieser Anhöhe bauten die Menschen ihre ersten Siedlungen, weil sie vor den reißenden Wassern geschützt waren.

> **!** Unter dem Stichwort „Kontinentaldrift" findest du bei Wikipedia im Internet eine Animation, wie sich die Kontinente bewegt haben. Schau dir das mal an.

3. Die Donau gräbt sich ein Tal

Auf dem Bild oben kannst du sehen, dass jeder Regen von den Alpen bergab die Molasse hinunterfließt bis zum tiefsten Punkt. Auf der linken Seite fließt das Regenwasser die Hänge der Schwäbischen Alb hinab, auch bis zum tiefsten Punkt. Hier sammelt sich das Wasser zu einem der mächtigsten Ströme in Europa, der Donau. Zum Ende der letzten Eiszeit gab es so viel Schmelzwasser, dass aus der Donau ein kilometerbreiter reißender Strom wurde. Dieser grub ein breites Tal in die Molasse. Das ist das heutige Donauried.

In Steinheim kannst du die Kante der Hochterrasse sehen!

Auf dem Bild unten siehst du das Land wie bei einer Modelleisenbahn. Von den Hügeln der Schwäbischen Alb geht es abwärts über die Hochterrasse bis ins Donautal. Nach dem flachen Donauried beginnt der steile Aufstieg zur Iller-Lech-Platte.

Die Kraft der Erosion

Du hast sicher schon einmal gesehen, wie der Regen Teile aus einem Abhang spült. Die Erdoberfläche ist ständig Wasser, Wind, Hitze und Frost ausgesetzt. Nicht alle Teile der Erdoberfläche sind gleich widerstandsfähig. Harte Gesteine können länger widerstehen, das siehst du an unseren Bergen. Weiche Schichten verwittern durch Hitze und Frost. Sie werden durch Flüsse und Winde mitgerissen und ins Tal abtransportiert. Das nennt man Erosion.

Im Sandkasten oder am Strand kannst du das mit einem Eimer Wasser selbst ausprobieren.

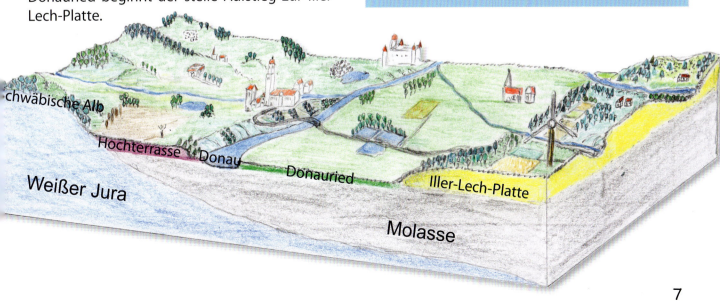

Flüsse und Bäche

Ein großer und weltbekannter Fluss prägt unseren Landkreis: die Donau. Sie fließt von Südwesten nach Nordosten mitten hindurch. Für die Donau ist das allerdings nur ein kurzes Stück. Insgesamt ist sie nämlich 2 857 km lang und fließt durch sechs Staaten. Damit ist sie der zweitlängste Fluss Europas! In unserem Landkreis münden alle Flüsse in die Donau. Sie ist so etwas wie ein Sammelbecken. Mit der Donau gelangt dann letztendlich jeder Regentropfen ins Schwarze Meer!

Im Lauf von Jahrtausenden wurden durch Flüsse und Bäche Täler in die Landschaft gegraben. Je stärker die Kraft des Wassers war, desto tiefer und breiter wurde das Tal. In der Karte auf den Seiten 4 und 5 kannst du die Täler von Donau, Egau und Zusam gut erkennen.

Bekannt ist unser Landkreis auch für seine vielen kleinen Seen. Entlang der Donau sind durch den Kiesabbau zahlreiche Baggerseen entstanden, die heute zum Baden, Segeln oder Wasserskifahren einladen.

Der Auwaldsee liegt südlich von Lauingen. Ein Lehrpfad zum Auwald führt rund um den See.

Unsere Flüsse

Die **Brenz** kommt aus der Schwäbischen Alb. Nur auf ihren letzten 10 km fließt sie durch Schwaben. Sie mündet westlich von Lauingen in die Donau.

Die **Egau** fließt durch Ziertheim, Wittislingen und Dillingen. Sie nimmt den **Zwergbach** auf und mündet dann bei Höchstädt in die Donau.

Der **Klosterbach** fließt durch Höchstädt. Er ist dort der Donau schon ganz nah und macht dann nochmals einen Bogen Richtung Blindheim. Dort nimmt er den **Nebelbach** auf und fließt erst bei Schwenningen in die Donau.

?

1) Fließt durch deine Gemeinde ein Fluss? Welcher?
2) Welche Flüsse münden von Norden in die Donau?
3) Welche Gemeinden liegen an der Zusam? Schau in der Karte auf Seite 5 nach!
4) Entlang der Donau sind viele Wasserkraftwerke entstanden. Lies mehr dazu auf Seite 74!

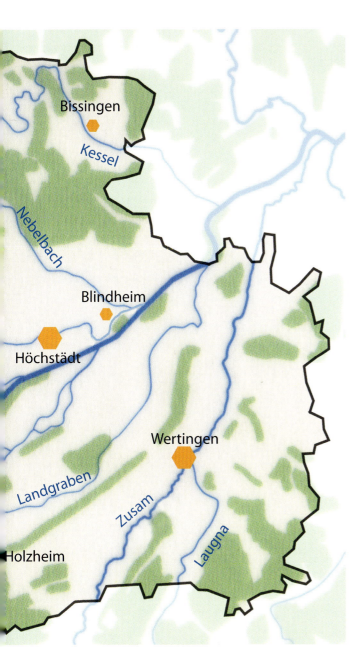

Die **Kessel** im Norden unseres Landkreises

Die **Zusam** vor Buttenwiesen

Die **Brenz** bei der Oberen Mühle in Gundelfingen

Der **Zwergbach** bei Bachhagel

Die **Kessel** fließt südlich an Bissingen vorbei und mündet bei Donauwörth in die Donau.
Im Südwesten des Landkreises fließt die **Mindel** noch ein kurzes Stück durch unseren Landkreis bevor sie in die Donau mündet.
Die **Glött** mündet von Süden in die Donau und hat einer Gemeinde, durch die sie fließt, ihren Namen gegeben.
Der **Landgraben** verläuft parallel zur Glött und hat je nach Lage verschiedene Namen. Die **Zusam** fließt durch den Naturpark Westliche Wälder. Bei Wertingen nimmt sie die **Laugna** auf.

Erste Lebensspuren – wie alles begann

Zu der Zeit, als die Alpen entstanden, war es viel wärmer in unserer Region als heute und es regnete viel mehr. Dichter Wald mit großen Bäumen bedeckte das Land. Breite Flüsse schlängelten sich durch einen tropischen Regenwald. Dort entstanden die Vorläufer der heutigen Säugetiere, wie Elefanten, Bären, Löwen, Pferde, Rentiere, und auch die ersten primitiven Vorfahren der Menschen entwickelten sich. Es gab Elefanten, deren Stoßzähne nach unten gebogen waren. Pferde waren damals kaum größer als Hunde. Überreste dieser Tiere wurden bei Ausgrabungen gefunden. Ihren heute lebenden Nachfahren begegnen wir im Zoo, in den tropischen Regionen oder auch in Europa.

So können wir uns das Land vor 50 Millionen Jahren vorstellen. Von einigen Tieren auf diesem Bild sind in unserer Gegend Knochen und Zähne gefunden worden. Das beweist, dass diese Tiere hier vor Millionen Jahren gelebt haben.

Dieser riesige Stoßzahn eines Urelefanten liegt im Wertinger Heimatmuseum.

Dieser Backenzahn gehörte einem Elefanten. Unten kannst du die Zahnwurzeln erkennen. (Heimatmuseum Wertingen)

Am Anfang ist die Erde noch ein glühender Feuerball.

Die Erde erkaltet langsam.

Unsere Erde ist etwa 5 Milliarden Jahre alt. Wenn wir das auf 50 cm eines Meterstabs übertragen, dann sind eine Milliarde Jahre gleich 10 cm und 100 Millionen Jahre sind 1 cm. Menschen gibt es in Europa seit etwa 160 000 Jahren, das ist auf dem letzten Hundertstelmillimeter unseres Meterstabes!

1 cm = 100 Millionen Jahre

Erstes Leben entsteht (Einzeller).

Das ist ein abgebrochenes Stück eines großen Backenzahns, wie du ihn links siehst. (Heimatmuseum Wertingen)

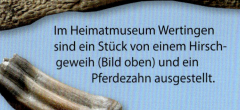

Im Heimatmuseum Wertingen sind ein Stück von einem Hirschgeweih (Bild oben) und ein Pferdezahn ausgestellt.

Bei Haunsheim wurde der Oberschenkelknochen eines wollhaarigen Nashorns gefunden. (Heimathaus Lauingen)

Vor 235–65 Millionen Jahren: Dinosaurier bevölkern die Erde

Vor 65 Millionen Jahren: die Alpen entstehen

Vor 50 Millionen Jahren: die heutigen Säugetiere

Vor 160 000 Jahren: Steinzeitmenschen

Heute

Der letzte Zehntelmillimeter = 1 Million Jahre

Steinzeit – die ersten Menschen

Schon vor Millionen von Jahren lebten in unserer Gegend Tiere. Das wissen wir, weil Knochen und Zähne von heute ausgestorbenen Tierarten gefunden wurden, z. B. von Mammut, wollhaarigem Nashorn, Höhlenbär und der Höhlenhyäne. Die ältesten Funde, die eindeutig auf Menschen in unserer Gegend schließen lassen, sind dagegen nur etwa 50 000 Jahre alt. Die Männer waren damals Jäger, die Frauen und Kinder sammelten Beeren, Pilze, Wurzeln und Kräuter. Eine feste Behausung gab es anfangs nicht. Die Menschen suchten manchmal Schutz in **Höhlen**, wie zum Beispiel in Hanseles Hohl bei Fronhofen (Bissingen). Ihre Werkzeuge schlugen sie aus Steinen zurecht. Deshalb wird dieses Zeitalter „Steinzeit" genannt. Aus den zurechtgehauenen Teilen entstanden feine Pfeilspitzen, Messerklingen und Schabewerkzeuge. Dieses Messer kannst du im Lauinger Heimatmuseum sehen. Die Kleidung bestand aus Fellen, die mit Lederriemen befestigt waren. Vor 8 000 Jahren wurden die Steinzeitmenschen dann sesshaft. Sie lebten in einfachen Hütten und hatten gelernt, Äcker zu bepflanzen und Vieh zu halten. Aus Jägern waren Bauern geworden.

In der Steinzeit gab es noch keine Schrift. Alles, was wir aus dieser Zeit wissen, kann nur aus Fundstücken geschlossen werden, die **Archäologen** ausgegraben haben.

In Hanseles Hohl bei Fronhofen wurden zwei menschliche Zähne gefunden.

Aus der Steinzeit hat man viele Keramikgefäße gefunden. Dieses steht heute im Heimathaus Lauingen.

Eine Bohrmaschine aus der Steinzeit

In Steine Löcher zu bohren, war eine mühevolle Arbeit. Dazu wurde der Stein ❶ in ein Gestell eingespannt. Ein hohles Holunderröhrchen ❷ wurde mit Sand gefüllt. Durch Hin- und Herbewegen des Bogens drehte sich das Röhrchen und der Sand schmirgelte langsam ein Loch in den Stein. Für einen Millimeter Tiefe brauchte man etwa eine Stunde.

Diese Steinaxt aus Bergheim und die Bohrmaschine sind im Heimathaus Lauingen zu sehen.

Eine spannende Entdeckung

1937 fand der Turnunterricht der Wittislinger Schule auf dem Alten Berg statt. Die Kinder machten gerade Kniebeugen, als ein Junge plötzlich in der Hocke blieb. Auf einem Maulwurfshügel hatte er eine Pfeilspitze aus Feuerstein entdeckt! Und das war erst der Anfang. Durch Grabungen fand man heraus, dass es auf dem Alten Berg früher eine Siedlung der Steinzeitmenschen und ein Lager für Feuersteine gegeben hatte. Dort wurde auch dieser 50 000 Jahre alte Faustkeil gefunden. Er ist heute im Heimatmuseum Lauingen zu sehen.

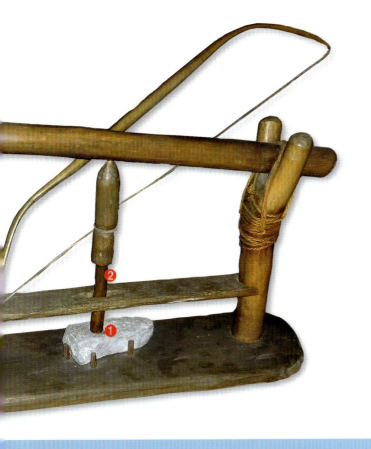

Am Reitweg in Dillingen hat man ein Grab entdeckt, das über 4200 Jahre alt ist! Dort wurden eine Armschutzplatte (links), ein kleiner Kupferdolch (Mitte) und ein goldener Ring (rechts) gefunden. Die Armschutzplatte trugen Männer beim Bogenschießen am Unterarm. So waren sie vor der zurückschnellenden Bogensehne geschützt. Wir sehen, dass die Menschen nun mit Metallen umgehen konnten. Ein neues Zeitalter hatte begonnen.

Bronzezeit –
die Menschen lernen, Metalle zu schmelzen

Vor über 4 000 Jahren entdeckten die Menschen, dass Kupfer bei starker Hitze schmilzt und in Formen gegossen werden kann. Aber es war zu weich, um es als Werkzeug zu benutzen. Bald fand man heraus, dass durch die Zugabe von etwas Zinn das gegossene Metall viel härter wird: Die Bronze war erfunden und veränderte die Welt. Ab ca. 2000 v. Chr. wurden in unserer Gegend daraus Waffen, Werkzeuge, Beschläge und Schmuck hergestellt. Die Bronzezeit hatte begonnen. Nun gab es neben Bauern und Jägern auch Handwerker und Händler, die ganz Europa bereisten. Aus dieser Zeit stammt ein großes Gräberfeld auf dem Lauinger Galgenberg: Bei der Bestattung waren die Leichen an Händen und Füssen gefesselt worden und manchmal lagen Steine auf Kopf, Fuß oder Hand. Die Menschen hatten wohl Angst, dass die Toten wieder aus den Gräbern steigen. Im Donauried wurden viele Funde aus der Bronzezeit beim Kiesabbau entdeckt, wie z. B. Nadeln,

Stadt- und Hochstiftmuseum Dillingen

Ringe (Bild) und Waffen. Darunter waren auch mehrere Beile und ein verbogenes Schwert. Am Griff war das Schwert mit Eisen verziert. Damals war das Eisen noch so kostbar, dass es als Schmuck verwendet wurde. Schon bald sollte es die Bronze als Material für Waffen ablösen.

Diese beiden Beile sind im Heimatmuseum Wertingen zu sehen.

Axt aus dem Heimathaus Lauingen

Ein wertvolles Trinkgeschirr aus Bronze und Gold wurde in Unterglauheim (Blindheim) ausgegraben. Die Nachbildung einer Goldtasse steht im Heimathaus Lauingen.

Die Eisenzeit und die Kelten

Etwa um 1000 v. Chr. lernten die Menschen von Reisenden aus fernen Ländern, dass man bei höheren Temperaturen auch Eisen schmelzen kann. Es war noch härter als Bronze und ließ sich in glühendem Zustand sehr gut schmieden. Aus diesem neuen Material wurden nun Waffen, Rüstungen, Werkzeuge und Geräte (Pflüge, Scharniere, Achsen) hergestellt. Eisenerz wurde bei uns vor allem im Donauried gefunden. Die Kelten haben es zu Barren verarbeitet und damit gehandelt. Durch Funde weiß man, dass es bei Lauingen, Gundelfingen und Lutzingen kleine Lager mit Eisenbarren gab.

Heimathaus Lauingen

Um etwa 500 v. Chr. besiedelten keltische Stämme die Gebiete in unserer Gegend. Der hier ansässige Stamm wurde **Vindeliker** genannt. Die Menschen wohnten zusammen mit ihrem Vieh in Holzhäusern, die nur aus einem Raum bestanden. Das Dach war aus Stroh oder Schilf. Die meisten Kelten waren Bauern. Wie reich einer war, konnte man an seinem Schmuck und den Waffen sehen.

Die Kunst, Eisen zu schmelzen

Im Stadt- und Hochstiftmuseum Dillingen ist ein Ofen nachgebaut, mit dem die Kelten Eisen gewonnen haben (Bild): Darin erhitzten sie Holzkohle und Eisenerz. Das Eisen wurde flüssig und trennte sich vom Erz. Es war aber noch nicht ganz rein. Um alle Verunreinigungen herauszuschlagen, mussten die Kelten das Eisen noch mit dem Hammer bearbeiten. Danach konnten sie daraus Barren, Werkzeuge oder Waffen herstellen.

Diese bronzene Gürtelkette stammt aus einem Frauengrab bei Aislingen. Sie zeigt, dass die Kelten schon sehr gute Handwerker waren, weil die Kette in einem Guss gefertigt wurde.

Stadt- und Hochstiftmuseum Dillingen

Im Heimathaus Lauingen kannst du das nachgebaute Grab eines Goldschmieds aus Wittislingen anschauen. Er wurde mit seiner Goldwaage beerdigt, die in einer eigenen Vitrine ausgestellt ist. In unserem Gebiet hat man mehrere Grabhügel aus der Keltenzeit gefunden. Besonders groß war der Hügel für das „Herzogsgrab" bei Aislingen. Um genug Erde für einen so hohen Grabhügel aufzuschütten, müsste ein großer LKW 50 Ladungen anliefern. Damals haben die Menschen das nur mit eigener Kraft und einfachen Transportmitteln geschafft!

? Eisen wurde in solchen, etwa 5 kg schweren Doppelspitzbarren gehandelt. Der Händler Lagerix soll 70 kg Eisen liefern. Wie viele Barren muss er aufladen?

Das Gold des Regenbogens

Die Kelten haben ihre Waren nicht mehr nur getauscht, sondern auch mit Geld bezahlt. Dafür haben sie Münzen gegossen, die man „Regenbogenschüsselchen" nennt. Sie wurden z. B. bei Lauingen gefunden. Der Name kommt daher, dass die Münzen wie eine Schüssel gewölbt sind. Außerdem sind sie dem Volksglauben nach am Ende eines Regenbogens auf die Erde getropft. Sie wurden wohl oft gefunden, wenn sie nach einem Gewitter in der Sonne glitzerten. Man kann auf ihnen meist Muster oder Bilder erkennen.

In Mörslingen wurde beim Pflügen dieser Stierkopf entdeckt. Du kannst ihn dir im Heimathaus Lauingen anschauen. Die Kugeln auf den Stierhörnern und der kleine Kuhkopf sind aus Bronze. Man vermutet, dass der Stierkopf zu einem Totenwagen gehörte.

Caesar und die Druiden

Über die Kelten und den weiter westlich angesiedelten Keltenstamm der Gallier wissen wir mehr als über andere alte Völker, weil es ab dieser Zeit schriftliche Aufzeichnungen gibt. So beschreibt Caesar in seinem Buch „Der Krieg gegen die Gallier" im Kapitel VI Absatz 13: „Die Druiden kümmern sich um die Kulthandlungen, sie bringen die Opfer dar und achten auf die religiösen Vorschriften. Eine große Zahl von jungen Männern sammelt sich bei ihnen zum Unterricht, und sie stehen bei den Galliern in großen Ehren." Einen Druiden kennst du sicher aus den Asterix-Heften, nämlich Miraculix.

Ein wichtiger Platz für Opfergaben war der Osterstein bei Unterfinningen. Dorthin wurden Gefäße mit Fleisch und Blut gebracht. Die Menschen wollten die Gefäße anschließend nicht mehr benutzen und zertrümmerten sie deshalb. Was den Göttern geweiht war, sollte nicht mehr in dieser Welt benutzt werden. Am Osterstein wurde eine dicke Schicht  aus über 90 000 Scherben ausgegraben. Einen Teil kannst du im Dillinger Museum sehen (Bild). Viele Scherben waren ganz klein zertreten. Das bedeutet, dass der Opferplatz ein viel besuchter Ort war.

Um die Götter zu Hause zu ehren, stellten die Kelten Figuren in ihren Häusern auf. Diesen keltischen Hausgott kannst du im Heimatmuseum Wertingen sehen.

Die Römer erobern das Land

Im Jahr 15 v. Chr. schickte der römische Kaiser Augustus seine Stiefsöhne Drusus und Tiberius mit ihren Heeren über die Alpen, um das Land zu erobern. Sie besiegten den hier wohnenden keltischen Stamm der Vindeliker und eroberten das Gebiet bis zur Donau. Zum Schutz der Grenze bauten sie bei **Aislingen** ein Soldatenlager. So ein Lager nennt man **Kastell**. Es wurde wohl um 69 n. Chr. niedergebrannt, als die Römer um den Nachfolger des Kaisers stritten.

Modell des Kastells in Faimingen (Museum Dillingen)

Die Grenze des Römischen Reichs wurde immer weiter nach Norden verschoben. So entstand um 90 n. Chr. ein **Kastell in Faimingen**. Als der große römische Grenzwall (der sogenannte **Limes**) fertig war, wurde das Kastell in Faimingen überflüssig. Im zweiten Jahrhundert n. Chr. errichteten die Römer an seiner Stelle den **Apollo-Grannus-Tempel**, den größten Tempelbau nördlich der Alpen.

Römische Soldaten trugen z. B. Kettenhemd, Wurfspieß und Schild. Der Hornbläser hatte eine Rüstung mit einem Wolfskopf. Die Frauen trugen eine Tunika. Es gab auch Beamte wie den Schreiber, der auf Wachstäfelchen schrieb.

Aus Phoebiana wurde Faimingen

In der Römerzeit hieß Faimingen Phoebiana. Der Gott Apollo hatte den Beinamen „Phoebus", was so viel heißt wie „der Leuchtende" oder „Strahlende". Nach diesem Beinamen wurde die Siedlung in Faimingen „Phoebiana" genannt. Die Kelten nannten diesen Gott Grannus. Der Tempel hatte weit über die Region hinaus eine große Anziehungskraft als Wallfahrtsstätte und Faimingen wurde zum religiösen Zentrum. Bald war es auch als Kurort bekannt. Spaziergänge in der Natur, das klare Quellwasser und viel Ruhe galten als Heilmittel. Phoebiana war auch wegen seiner Lage ein wichtiges Zentrum für die Römer: Es lag am Donauübergang, der für den Transport von Soldaten und Waren genutzt wurde. Hier kreuzten sich gepflasterte Fernstraßen, die die Römer während ihrer Herrschaft geschaffen hatten – per Hand und ganz ohne Baumaschinen!

Im Norden von Faimingen hat man über 400 Gräber entdeckt. Bei allen waren, wie damals üblich, eine Öllampe (Bild) und eine Münze beigegeben. Der Tote sollte mit der Münze die Überfahrt ins Totenreich bezahlen und dort Licht haben können. Erst als die Alemannen sich hier ansiedelten, gaben sie dem Ort den Namen Faimingen.

Stadt- und Hochstiftmuseum Dillingen

Fundstücke aus der römischen Siedlung Phoebiana kannst du im Museum in Dillingen sehen. Sie geben uns Einblick in den Alltag der Römer.

Die Römer waren hervorragende Handwerker. Sie konnten schon sehr kunstvoll Glas bearbeiten. Spiegel wurden aus poliertem Metall hergestellt.

Römische Gutshöfe

Die Römer wohnten häufig auf Einzelhöfen, die zum Teil prächtig ausgestattet waren. Einen solchen römischen Gutshof nennt man auf Lateinisch „villa rustica". Sie waren immer ähnlich aufgebaut: Das Herrenhaus war das eigentliche Wohngebäude, umgeben von einem Badehaus und weiteren Wirtschaftsgebäuden und Stallungen für die Tiere. Der gesamte Hof war durch eine Mauer geschützt. Eine villa rustica gab es z. B. bei Höchstädt. Dort hat man sogar Reste einer römischen Fußbodenheizung gefunden.

Die Römer bauten Fernstraßen

Die Römer waren die Ersten, die gepflasterte Straßen bauten. Das hatte den Vorteil, dass der Weg z. B. nach starkem Regen nicht mehr matschig wurde. So konnten die Soldaten und Händler mit Karren besser vorwärts kommen. Phoebiana war in unserer Region ein Mittelpunkt. Von hier führten Fernstraßen in alle Himmelsrichtungen.

Hast du das gewusst?

Unsere heutige Zeitrechnung beginnt mit der Geburt von Christus. Kaiser Augustus kam 63 Jahre vor Christi Geburt auf die Welt. Wir schreiben deshalb 63 v. Chr. Er starb im Jahr 14 nach Christus. Wir schreiben deshalb 14 n. Chr. Es ist übrigens der gleiche Augustus, von dem die Weihnachtsgeschichte der Bibel erzählt.

Die römischen Zahlen

1 = I	6 = VI	50 = L
2 = II	7 = VII	100 = C
3 = III	8 = VIII	500 = D
4 = IV	9 = IX	1 000 = M
5 = V	10 = X	Erkennst du die Regeln?

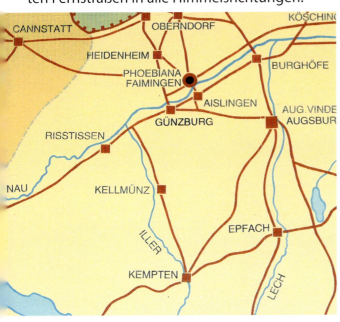

Wie lauten die Seitenzahlen hier unten?
Wie alt wurde Kaiser Augustus?

Die Alemannen besiedeln das Land

Obwohl die Römer das eroberte Gebiet mit dem Limes gesichert hatten, gelang es ihnen nicht, ihr großes Reich zu halten. Um 259 n. Chr. schlossen sich viele germanische Stämme zusammen. Sie wurden Alemannen genannt, was so viel wie „Menschen aller Herkunft" bedeutet. Ihrem Ansturm konnte der Limes nicht standhalten. Doch es dauerte nochmal über 200 Jahre, bis sich die letzten Römer aus unserer Region zurückgezogen hatten. Die Alemannen besiedelten nun das ganze Gebiet. Der damalige Landesname Alemannien wird noch heute von vielen Staaten auf der Welt als Begriff für „Deutschland" verwendet. Die Alemannen in dieser Gegend nannten sich selber nach einiger Zeit „Sueben", woraus dann später „Schwaben" wurde. Sie begannen das Land auszubauen und gründeten zahlreiche Siedlungen. Die Kirche spielte in der weltlichen Herrschaft des Landes eine wichtige Rolle. Die Bischöfe regierten über großen Grundbesitz und wurden gleichzeitig Fürsten. Ab dem Jahr 496 gehörte das Land zum **Fränkischen Reich**. Der bedeutendste Herrscher war Karl der Große, der das Fränkische Reich von 768 bis 814 regierte. Nach seinem Tod zerstritten sich seine Nachkommen und das Fränkische Reich zerfiel.

Weil man viele Gräber untersucht hat, weiß man heute ziemlich genau, wie die Alemannen gekleidet waren: Die Frau trug ein Kleid mit Gürtel. Von ihm hingen Bänder herunter, an denen ein Kamm (Bild aus dem Museum Dillingen), ein Messer und verschiedene Amulette befestigt waren, die z. B. Unheil abwehren sollten. Die Männer waren viel schmuckloser gekleidet. Fast jeder von ihnen trug ein Schwert, das man Sax nannte. Oft kamen noch ein Schild und ein Speer hinzu.

Das Grab der Fürstin in Wittislingen

Diese wertvollen Beigaben hat man in dem Grab einer alemannischen Fürstin bei Wittislingen gefunden. Zu ihrer Adelsfamilie gehörte später wohl auch der heilige Ulrich. Die Tote war sehr wohlhabend. Das weiß man, weil ein Teil der teuren Schmuckstücke aus Italien und dem Rheinland stammte. Die Grabkammer war außerdem in einen Felsen gehauen. Das war ziemlich aufwendig und wurde nur bei besonderen Personen gemacht. Die Funde sind weltbekannt und heute in der Prähistorischen Staatssammlung in München zu sehen, z. B. die goldene Scheibenfibel. Durch das Goldblattkreuz und den Text auf der Fibel wissen wir, dass die Frau bereits Christin war. Mit der Verbreitung des Christentums wurden Grabbeigaben aber immer seltener. Unser Wissen über die folgenden Jahrhunderte haben die Forscher stattdessen aus Texten und Bildern gewonnen.

Archäologische Staatssammlung München, M. Eberlein

Goldblattkreuze in den Gräbern zeigen uns, dass immer mehr Menschen Christen waren. Dieses ist im Lauinger Heimathaus ausgestellt.

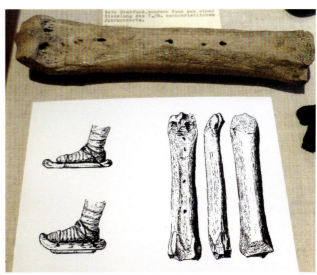

Im Lauinger Heimathaus kannst du dir einen Knochen ansehen, den die Alemannen um 800 als Schlittschuh benutzt haben könnten. Er hat Löcher, um die Riemen zu befestigen.

Waffen waren häufige Grabbeigaben. Diese hier sind im Lauinger Heimathaus ausgestellt.

In Zusamaltheim wurden 96 alemannische Gräber entdeckt. Dort hat man neben Schmuck auch dieses Keramikgefäß und diese Messer ausgegraben. Du kannst sie dir zusammen mit anderen Funden im Heimatmuseum Wertingen ansehen.

? Die Siedlungsnamen aus der Alemannenzeit enden häufig auf -ingen, -hausen oder -heim. So bedeutet Bissingen, dass hier die Sippe des Bisso wohnte. Welche Ortsnamen im Landkreis haben alemannische Endungen? Findest du fünf? Hilfe bekommst du auf den Seiten 32–65.

Mehr als 630 alemannische Gräber wurden in Schretzheim ausgegraben. Viele der gefundenen Schmuckstücke, Waffen und Gefäße sind heute im Museum in Dillingen zu sehen.

Mittelalter

Die Zeit zwischen 500 und 1500 nennt man **Mittelalter**. Nach dem Zerfall des Fränkischen Reichs (S. 18) entstand aus dessen östlicher Hälfte das „**Heilige Römische Reich Deutscher Nation**". Es wurde von deutschen Kaisern regiert.

Im Mittelalter hatten der christliche Glaube und die Kirche eine große Bedeutung. Die Menschen fühlten sich durch ihren Glauben verbunden und sahen ihren Platz im Leben als von Gott gegeben an. Jeder wurde in die **Ständeordnung** geboren. Es gab drei Stände und jeder Stand hatte bestimmte Rechte.

Im ersten Stand fand man Adlige und Ritter, die das Land verteidigten. Zum zweiten Stand gehörten die Geistlichen. Die Mehrheit der Bevölkerung aber waren die Bauern. Sie gehörten zum dritten Stand.

Dieses Modell der Dillinger Burg kannst du dir im Stadt- und Hochstiftmuseum anschauen. Die Burganlage war von einer Mauer umgeben und im Süden durch einen Graben vor Angriffen geschützt. Vom hohen Hauptturm, dem Bergfried, konnten die Wächter das umliegende Land beobachten und melden, wenn sich jemand näherte. Die Dillinger Burg hatte sogar zwei Bergfriede! Das Wohngebäude dazwischen nannte man auch Palas. Außerdem gab es Brunnen für die Wasserversorgung.

Die Kirche als Grundbesitzer

Neben den Adelsfamilien hatte auch die Kirche im Landkreis Grundbesitz, z. B. das Augsburger Hochstift und das Domkapitel.

Das **Hochstift Augsburg** war das weltliche Herrschaftsgebiet des Bischofs. Seit dem 15. Jahrhundert regierte er von Dillingen aus. Das Hochstift wurde während der Säkularisation (Seite 25) aufgelöst.

Das **Domkapitel** ist eine Gruppe von Geistlichen, die den Bischof bei seinen Aufgaben unterstützt.

Die Staufer ernennen Städte

Eine berühmte Adelsfamilie im 12. und 13. Jahrhundert waren die Staufer. Mehrere deutsche Kaiser kamen aus ihrer Familie. Einer der berühmtesten war Friedrich I. Er wird wegen seines roten Bartes auch „Barbarossa" genannt. Hier ist er mit seinen Söhnen zu sehen. Gundelfingen, Lauingen, Höchstädt und Wertingen wurden von den Staufern zur **Stadt** ernannt. Das brachte viele Vorteile: Die Städte wurden mit Mauern gesichert und durften z. B. Steuern erheben oder sogar eigene Münzen prägen. Als die Familie 1268 ausstarb, übernahm die bayerische Adelsfamilie der **Wittelsbacher** ihre Herrschaftsgebiete.

Willst du mehr über das Leben im Mittelalter erfahren? Dann schau unter www.kinderzeitmaschine.de nach! Dort reist du quer durch die Geschichte und kannst dein Wissen beim Quiz und Memoryspiel testen.

Der Schwarze Tod

Eine große Katastrophe kam ab 1347 nach Europa: die **Pest**, auch der „Schwarze Tod" genannt. Im Mittelalter hatte man keine Medizin, um diese Krankheit zu bekämpfen, und die Ärzte waren hilflos. In Europa starb fast jeder dritte Mensch daran! Niemand konnte sich erklären, woher die Krankheit kam und wie sie sich verbreitete. Viele Menschen dachten, die Pest sei eine Strafe Gottes, und suchten Trost in der Religion. Böse Gerüchte behaupteten schließlich, dass Juden die Brunnen vergiftet und so die Pest ausgelöst hätten. Vielerorts, auch in unserem Landkreis, wurden Juden deswegen aus den Städten vertrieben.

Das harte Leben der Bauern

Im Mittelalter bestand ein großer Teil des Volkes aus Bauern. Viele waren **Fronarbeiter**, das heißt, sie arbeiteten im Dienst eines Herrn. Manche bekamen zum Beispiel von einem **Lehnsherren** Land „zu Lehen", also geliehen. Deswegen spricht man auch vom **Lehnswesen**. Oft war der Bauer außerdem nicht frei, sondern persönlich von seinem Herrn abhängig und konnte von ihm sogar verkauft werden! Solche unfreien Bauern wurden auch als **Leibeigene** bezeichnet. Wie sein Leben um 1525 aussah, erzählt dir ein Bauer:

„Ich arbeite von früh bis spät auf dem Feld. Jedes Jahr hoffen meine Familie und ich, dass die Ernte gut ausfällt. Denn einen Teil davon müssen wir an unseren Grundherren abgeben. Und wenn das Jahr schlecht war, bleibt zu wenig für meine Familie. Dem Grundherren ist das egal. Das Land, das ich bestelle, gehört nicht mir, sondern ihm. Während er von meiner Arbeit lebt und immer reicher wird, haben wir nicht einmal genug zu essen. Selbst als ich heiraten wollte, musste ich ihn um Erlaubnis fragen. Das ist doch nicht gerecht! Jeder Christenmensch sollte frei sein!"

? Warum ist der Bauer so unzufrieden?

Um 1525 begannen die Bauern, sich gegen ihre Abhängigkeit zu wehren. In ganz Süddeutschland kam es zu **Bauernaufständen**. Auf die Entlassung aus der Leibeigenschaft mussten sie trotzdem noch 300 Jahre warten.

Burgen boten Schutz

Früher gab es in unserem Landkreis viele Burgen. Sie gehörten verschiedenen Adelsfamilien. Die Burgen dienten dem Schutz und waren gleichzeitig ein Zeichen der Macht ihrer Besitzer. Wenn Gefahr drohte, suchten auch die Menschen aus der Umgebung in den Burgmauern Schutz. Mit dem Bau dieser mächtigen Anlagen waren viele Hundert Arbeiter 10 bis 20 Jahre lang beschäftigt.

Wenn die Besitzerfamilien ausstarben oder wegzogen, wurden ihre Burgen oft aufgegeben und abgebrochen. Viele sind auch bei den Bauernaufständen und im 30-jährigen Krieg zerstört worden. Die Steine wurden z. B. für den Bau von Straßen und Kirchen verwendet. Oft entstanden aus Burgen schöne neue Schlösser. Das kannst du z. B. am unteren Teil des Dillinger Schlossturms noch erkennen.

Reformation und 30-jähriger Krieg

Vor über 500 Jahren waren die Christen noch alle katholisch. Um 1517 wollten mehrere Prediger eine Erneuerung dieser Glaubenslehre. Man nannte sie Reformatoren. Der bekannteste war **Martin Luther** (Bild). Viele Menschen schlossen sich seiner Bewegung an und nannten sich Protestanten. **Katholiken** und **Protestanten** führten um den richtigen Glauben sogar Kriege gegeneinander.

Der deutsche Kaiser Karl V. wollte mit Gewalt durchsetzen, dass alle Christen wieder katholisch werden. Deswegen führte er 1546 Krieg gegen mehrere evangelische Städte, die sich im sogenannten „Schmalkaldischen Bund" zusammengeschlossen hatten. Dieser Krieg wird deswegen auch Schmalkaldischer Krieg genannt. Lauingen war damals evangelisch. Es musste sich dem Kaiser ergeben und wurde für wenige Jahre wieder katholisch.

Die vielen Kriege führten dazu, dass man sich 1555 in Augsburg auf einen Frieden einigte, der als Pax Augustana bekannt wurde. Doch dieser Frieden war nicht von Dauer. 1618 brach ein Krieg aus, der 30 Jahre dauerte und deshalb der **„30-jährige Krieg"** genannt wird. Er brachte Schrecken, Hunger, Krankheit und vielen Menschen den Tod. Auf deutschem Boden kämpften Schweden, Franzosen, Deutsche, Niederländer und Spanier gegeneinander. Es ging nicht nur um die Religion, sondern auch um Macht, Geld und Ländereien. Nach 30 Jahren Krieg waren alle beteiligten Länder erschöpft und einigten sich 1648 auf den sogenannten **„Westfälischen Frieden"**. Gesiegt hatte keiner. Das 17. Jahrhundert war eine der blutigsten Zeiten für den Landkreis.

Dieses Gemälde hängt im Heimathaus Lauingen und zeigt, wie die Stadt im Schmalkaldischen Krieg belagert wurde. Rechts oben kannst du Lauingen sehen. Das Zelt des Kaisers steht links und hat einen Adler über dem Eingang. Wenn du genau hinsiehst, kannst du erkennen, wie der Bürgermeister vor dem Kaiser auf die Knie fällt.

Lauingen im 30-jährigen Krieg

Lauingen war 1648 von französischen und schwedischen Truppen besetzt. Ein Offizier namens de Groot berichtet über diese Zeit:

„Am 10. Januar 1648 betrug die Garnison zu Lauingen im ganzen 948 Mann, für welche […] die Verpflegung in natura gereicht werden musste. Dies bedeutete für die Stadt einen täglichen Aufwand von 2744 Pfd. Brot, 2064 Pfd. Fleisch und 1584 Mass Bier. – Die Truppen wurden in den Quartieren verpflegt. – Zu gleicher Zeit […] war Lauingen von den Bayern blockiert. Infolgedessen blieben die auswärtigen Hilfsgelder aus und in der Stadt gingen die Lebensmittel zur Neige. Schon am 16. Januar musste bei der selbst notleidenden Bürgerschaft eine Kornanlage erhoben werden. […] Das Militär beging manche Gewalttätigkeiten.

Auf dem umliegenden Lande, das von seinen Bewohnern fast ganz verlassen war, verübten die Soldaten manche Räubereien. So wurden in Faimingen sogar die Glocken aus dem Turme gestohlen und in Stücke zerschlagen."

Die Neuzeit –
der Weg in die moderne Welt

Die Zeit nach dem Mittelalter nennt man Neuzeit. Es wurden viele Dinge entdeckt, die auch heute noch unsere Welt prägen: Nachdem Johannes Gutenberg am Ende des Mittelalters den **Buchdruck** entwickelt hatte, entstanden im 16. Jahrhundert erste Zeitungen. Damit konnten Informationen und Wissen besser übermittelt werden.

Von dieser Zeitung kannst du im Heimatmuseum Wertingen noch die allererste Druckplatte sehen.

Wie heißt die Zeitung, von der du oben die erste Druckplatte siehst?.

Bildung für alle – die Schulpflicht

Eine **allgemeine Schulpflicht** und vom Staat ausgebildete Lehrer gibt es in Bayern erst seit 1802. Vorher konnten nicht alle Kinder etwas lernen. In Gundelfingen z. B. unterrichtete schon 1267 ein Lehrer. Um 1558 gab es hier zwei Schulen: eine Lateinschule, die nur von Kindern besucht wurde, deren Eltern wohlhabend waren, und eine „deutsche Schule". Dort konnten auch die Kinder von Handwerkern, Kaufleuten und Bauern unterrichtet werden. Sie kamen aber nur unregelmäßig zum Unterricht, weil es teuer war und sie zu Hause oder auf dem Feld arbeiten mussten.
Früher unterrichtete der Lehrer meist noch in seiner Wohnung nur eine Klasse, bestehend aus allen Jahrgängen. Später wurden dann eigene Schulgebäude errichtet. Weil immer mehr Menschen Bildung erlangten, wurden der technische Fortschritt und die Industrialisierung überhaupt erst möglich.

Dieses Bild ist etwa 1853 entstanden. Es zeigt eine Volksschulklasse im 19. Jahrhundert.

Eisenbahn und Industrialisierung

Die Erfindung von **Dampfmaschinen** machte das Entstehen von Industrien möglich. Vorher waren die Menschen auf ihre eigene Kraft und die von Wasser, Wind und Tieren angewiesen. In **Zöschlingsweiler** entstand 1858 aus einer Ölmühle eine **mechanische Weberei**. Sie gehörte zu den ältesten Industriebetrieben im Land. Dort gab es eigene Wohnungen für die Fabrikarbeiter und sogar eine Fabrikschule. Denn auch ältere Kinder mussten in der Fabrik arbeiten. Weil viele Betriebe und Fabriken entstanden, wird die Zeit ab 1850 auch Industrialisierung genannt. Im 19. Jahrhundert wurden in ganz Deutschland Eisenbahnstrecken gebaut. Dadurch konnten Personen und Waren bald schneller befördert werden.
1876 wurde die erste Eisenbahnlinie in unserem Gebiet gebaut. Es war die Donautalbahn von Offingen bis Höchstädt.
Von Dillingen nach Aalen fuhr von 1906 bis 1972 die Härtsfeldbahn. Sie hielt auch in Zöschlingsweiler. Die Lok 12 (Bild) ist heute eine Museumsbahn. Du kannst in Neresheim mit ihr fahren.

Die Schlacht von 1704
Ganz Europa blickt auf den Landstrich bei Höchstädt

1704 fand bei Höchstädt eine wichtige Schlacht des **Spanischen Erbfolgekrieges** statt. Der Krieg heißt so, weil die Beteiligten darum gestritten haben, wer der rechtmäßige Nachfolger des verstorbenen spanischen Königs ist. England, Holland und Österreich kämpften gegen Frankreich und Bayern. Ganz Europa schaute in diesen Tagen auf das Gebiet bei Höchstädt, weil hier die Truppen zur ersten großen Schlacht aufeinandertrafen. Mehr als 100 000 Soldaten kämpften auf dem Schlachtfeld. Das sind mehr Menschen als der gesamte Landkreis heute Einwohner hat! Die Gegner standen sich am Nebelbach zwischen Blindheim und Lutzingen gegenüber. Am Ende des Tages war jeder vierte Soldat tot oder verwundet. Das Schlachtfeld und die Dörfer waren verwüstet. Als Folge dieser Niederlage wurde Bayern von Österreich besetzt und der bayerische Kurfürst Max Emanuel (Bild) musste das Land verlassen. Erst als sich alle Beteiligten 1714 auf einen Frieden einigten, konnte er zurückkehren. Das Schlachtfeld kannst du heute von einem **Aussichtsturm** bei Blindheim überblicken. Entlang wichtiger Stationen der Schlacht führt der **Denkmalweg** „Auf den Spuren der Schlacht vom 13. August 1704".

Im Vordergrund siehst du, wie die französischen Soldaten Blindheim verteidigen, das durch vorrückende englische Truppen eingeschlossen wird. Oben rechts im Bild kannst du das brennende Unterglauheim erkennen, oben links das weiter entfernte Höchstädt. Diese nachgestellte Schlacht ist im Heimatmuseum Höchstädt aufgebaut (Seite 81).

Dieser lebensgroße englische Reiter gehört zur Ausstellung im Schloss Höchstädt. Dort kannst du sehen, was heute noch von der Schlacht erhalten ist: z.B. Kanonenkugeln, Waffen und Totenköpfe.

Ein Augenzeuge berichtet

Das Schlachtfeld und die Dörfer waren nach den Kämpfen schrecklich verwüstet und Tausende Tote blieben zurück. Die Berichte von Augenzeugen zeigen uns, welche Folgen der Krieg hatte:

„Es ist nichts entsetzlicheres zu sehen als das Dorff von Blindheim / in dem solches mit Todten und halb abgebrandten Cörpern angefüllet welches das greulichste Spectaculum von der Welt ist / ohne zu reden / von dem Kreischen und Heulen der Sterbenden / welches ich die gantze Nacht / nach der Action, die wir auff der Wahlstadt die Todten mit den lebendigen zugbracht / habe müssen hören."

Der Herr von Blainville berichtet ein Jahr später:
„ ... das kleine Dorf Blindheim und die ganze umliegende Gegend [ist] in einem Umkreis von [etwa 20 km] noch dergestalt verwüstet, dass man denken sollte, die Armeen hätten sie jetzt gerade verlassen. In der Tat, wenn nicht spärliches Korn in der Ebene stünde, so würde man sie für eine wüste Einöde halten, die mit den elenden Überbleibseln zerstörter Dörfer, Städte und Schlösser, den schrecklichsten Früchten des Krieges, angefüllt ist."

Das Land wird bayerisch

Zu Beginn des 19. Jahrhunderts war unser Land noch in viele kleine Herrschaftsgebiete aufgeteilt. Diese gehörten Klöstern, Adelsfamilien oder der Kirche. Als der französische Kaiser **Napoleon** (Bild) Bayern als Verbündeten gewann, wurden die Klöster aufgehoben (1803) und die Fürstentümer aufgelöst (1806). Mit der sogenannten **Säkularisation** wurden den Kirchen und Klöstern ihre Besitztümer weggenommen. Alle Ländereien, die

ihnen gehört hatten, wurden ab sofort staatlich verwaltet. Fast ganz Schwaben gehörte von nun an zum **bayerischen Königreich**, weil der König der Bayern im Krieg Napoleon unterstützt hatte. Jetzt gab es hier nicht mehr viele einzelne Grundherren. Bei Wertingen und Höchstädt fanden damals Schlachten statt. Zur Erinnerung daran sind diese beiden Ortsnamen noch heute am Triumphbogen in Paris zu lesen. Schon bald wurden **neue Gemeindegrenzen** festgelegt und die Verwaltung neu aufgebaut.

Zweiter Weltkrieg
Deutschland am Abgrund

In den Jahren nach dem verlorenen Ersten Weltkrieg (1914–1918) durchlebte Deutschland eine unruhige Zeit. Hohe Kriegsschulden mussten zurückgezahlt werden. Durch eine weltweite Wirtschaftskrise verloren viele ihre Arbeit und lebten in Armut. **Adolf Hitler** und seine „**Nationalsozialistische Deutsche Arbeiterpartei" (NSDAP)** versprachen den Deutschen Arbeit, Wohlstand und mehr Ansehen in der Welt. Viele glaubten Hitler und wählten ihn 1933 zum Reichskanzler. Er machte Deutschland zu einer Diktatur und verbot alle anderen Parteien. Am 1. September 1939 begann Hitler den Zweiten Weltkrieg mit einem Angriff auf Polen. Weitere Angriffe auf andere europäische Länder folgten. Andersdenkende und vor allem Juden wurden in **Konzentrationslager (KZ)** gesperrt. Manche konnten rechtzeitig in andere Länder fliehen. Doch 10 Millionen Menschen, darunter 6 Millionen Juden, wurden von den Nazis ermordet. Der Krieg endete mit dem Einmarsch der **Alliierten (Bündnis zahlreicher Länder)** und der Kapitulation Deutschlands. Insgesamt starben im Zweiten Weltkrieg 50 Millionen Menschen. Die Regierungszeit Hitlers von 1933 bis zum Ende des Zweiten Weltkriegs 1945 nennt man „**Drittes Reich**".

Fast alle Brücken über die Donau wurden im Krieg von deutschen Soldaten gesprengt, um den Vormarsch der Amerikaner an der Donau aufzuhalten, auch die Brücke in Lauingen. Die Hausdächer im Hintergrund wurden durch die Explosion zerstört. Auf dem Foto siehst du, wie amerikanische Soldaten eine provisorische Brücke überqueren. Zwischen Ulm und Passau blieb nur die Dillinger Donaubrücke erhalten.

Hier sitzt Wilhelm Grandel vor seinem Elternhaus in Bächingen. Es wurde im April 1945 von Bomben zerstört. Das Fotografieren von Kriegsschäden war eigentlich verboten, weil alle bis zum Ende an einen Sieg glauben sollten.

Die letzten Kriegstage in Gundelfingen

Ende April 1945 war der Zweite Weltkrieg schon fast vorbei. Am 23. April trafen die ersten amerikanischen Jeeps in Gundelfingen ein. Sie gehörten zu den Alliierten und es schien, als würde der Krieg hier ein friedliches Ende finden. Die amerikanischen Soldaten zogen sich bald wieder zurück. In der folgenden Nacht wurde Gundelfingen dann von der Waffen-SS besetzt. Das war eine gefürchtete Spezialeinheit der Nazis. Als die SS am nächsten Morgen die Brücken über die Brenz sprengten, flüchteten einige Familien in den „Hohlen Stein", einen alten Steinbruch. Gegen neun Uhr morgens kehrten die amerikanischen Panzer zurück und beschossen die Riedhauser Straße und Schloss Schlachtegg.

Den ganzen Tag dauerten die Kämpfe in der Stadt. Viele Gebäude wurden zerstört oder stark beschädigt, z.B. das Untere Tor und der Turm der Spitalkirche. Als amerikanische Panzer am Nachmittag nach Obermedlingen vorrückten, bemerkten sie am „Hohlen Stein" verdächtige Bewegungen. Sie dachten wohl an einen Hinterhalt und schossen auf den Steinbruch. Da rannten die Menschen in Panik aufs freie Feld hinaus: Fünf Kinder, drei Frauen und zwei Männer wurden im Panzerbeschuss getötet. Heute erinnert eine Gedenktafel an dieses schreckliche Ereignis. Erst am Morgen des 25. April konnten die Amerikaner Gundelfingen endgültig besetzen.

Nie wieder Krieg!

Als der Zweite Weltkrieg begann, wurden die meisten Männer zum Kriegsdienst eingezogen, um für Deutschland zu kämpfen. Viele überlebten den Krieg nicht oder wurden verwundet.

Die Menschen hatten jahrelang mit den Erinnerungen an diese grausame Zeit zu kämpfen. Das Andenken an die Gefallenen, so nennt man die im Krieg getöteten Soldaten, halten in vielen Gemeinden Kriegerdenkmale und Gedenktafeln wach, wie diese im Wertinger Heimatmuseum. Sie erinnern uns an die Grausamkeiten des Kriegs. Nicht umsonst gilt seit Ende des Zweiten Weltkriegs der Leitspruch in Deutschland: „Nie wieder Krieg!"

Erinnerungen an den April 1945

Die Lauingerin Maria Mittermair hat in ihrem Tagebuch ihre Erlebnisse aufgeschrieben:

„Vormittags war schon Fliegeralarm. Frau Moser erzählte, dass amerikanische Panzer schon in Nördlingen sein sollen. Um halb elf sagte Herr Gumpp, wir sollten unsere Sachen in den Keller räumen – in einer halben Stunde kommen die Panzer. Ich warf meine Betten hinunter – plötzlich ein fürchterlicher Krach, viele Fenster klirrten, es wurde die Donaubrücke gesprengt. […] Es fielen einige Schüsse. Wir waren wieder im Keller, da kamen schon die Amerikaner von Haus zu Haus. Sie fragten zuerst nach den Waffen – dann kamen wieder zwei Amerikaner und fragten nach Likör. […] Gegen drei Uhr kam meine Schwester Resi. Ich ging mit ihr und Hans zur Donaubrücke und Spitalkirche. In der Brüderstraße standen die gefangenen [deutschen] Soldaten, Lazarett [-personal], Polizei."

 Erinnert in deinem Ort noch etwas an den Krieg z. B. eine Gedenktafel oder ein Denkmal?

Die Heimatvertriebenen im Landkreis

Nachdem Deutschland den Zweiten Weltkrieg verloren hatte, musste es einen Teil seines Landes an die Sieger abgeben. Diese vertrieben dann alle Deutschen aus ihren neuen Gebieten (grün). Auch in der damaligen Tschechoslowakei lebten viele Menschen mit deutschen Wurzeln, die das Land nun verlassen mussten (lila). Insgesamt waren dadurch 12 Millionen Menschen ohne Heimat. Da in unserem Landkreis die Kriegsschäden nicht so groß waren, wurden viele dieser sogenannten Heimatvertriebenen hier untergebracht. Sie wurden überall einquartiert, wo Platz war, vor allem auf Bauernhöfen. Das war am Anfang für alle nicht einfach. Die Heimatvertriebenen mussten bei fremden Menschen wohnen und die Einheimischen ihr Zuhause mit fremden Leuten teilen. In einigen Orten machten die Neuankömmlinge mehr als zwei Drittel der Bevölkerung aus. Viele blieben, andere verließen den Landkreis wieder.

Die Vertriebenen konnten nur sehr wenig Sachen aus ihrer alten Heimat mitnehmen. Im Dillinger Museum kannst du mehr über ihr Schicksal erfahren.

Wirtschaftlicher Wandel

Landwirtschaft und Industrie – früher ...

Wie überall auf der Welt, so hat sich nach dem Zweiten Weltkrieg auch im Landkreis Dillingen das Leben gewandelt. Traditionelle Berufe verschwanden, neue entstanden. Kleine Lebensmittelgeschäfte wichen großen Supermärkten, Handwerkerarbeit wurde durch gut konstruierte Produkte aus den Baumärkten ersetzt. Durch den **weltweiten Handel** werden viele Dinge günstiger aus fernen Ländern bezogen. Auf der ganzen Welt gefragt sind Produkte, die bei uns mit viel **Fachkenntnis** produziert werden: Haushaltsgeräte, Milchprodukte, Dachziegel, landwirtschaftliche Fahrzeuge und Metallwaren aus unserer Region gehen in alle Welt.

Aus landwirtschaftlich geprägten **Bauerndörfern wurden Wohnorte** mit guten Verkehrsanbindungen zu Arbeitsstätten und Schulen.

Früher war die Landwirtschaft **Handarbeit**. Jede helfende Hand war bei der Feldarbeit gefragt. Mit der Kraft der Pferde wurde das Feld gepflügt.

Auch die Milchwirtschaft bestand aus aufwendiger Handarbeit. Butter wurde im Butterfass geschlagen, Käse wurde in Handformen aus dem Kessel geschöpft.

Wirtschaftswunder

Nach dem Krieg halfen alle Deutschen zusammen. So konnten sie durch ihren Fleiß schon in den 1950er Jahren wieder im Wohlstand leben. Die Firmen stellten neue Produkte her und die Menschen freuten sich, endlich wieder einkaufen zu können. Deutschland erholte sich so schnell von den Kriegsschäden, dass man vom „Wirtschaftswunder" sprach. Es gab so viel Arbeit, dass aus dem Ausland Gastarbeiter angeworben wurden. Sie kamen vor allem aus Italien, später auch aus der Türkei. Viele blieben mit ihren Familien in Deutschland. Der wirtschaftliche Aufschwung war mit einer erheblichen Bautätigkeit verbunden: So mussten nicht nur die Kriegsschäden behoben werden, auch neue Fabriken, Wohnhäuser und Straßen wurden gebaut. Die Möglichkeit, sich in den nächsten Jahren ein eigenes Auto leisten zu können, war etwas ganz Neues.

1935 wurden für die Herstellung von Waren noch viele Arbeitskräfte benötigt, wie hier im Websaal der Weberei Echenbrunn (Gundelfingen). Die notwendigen Arbeiten wurden in viele kleine Schritte eingeteilt. Jede Menge Handgriffe waren nötig, um ein fertiges Produkt herzustellen.

... und heute

Heute wird die Feldarbeit mit **Maschinen** erledigt. Ein Traktor schafft in einer Stunde allein die Arbeit, für die eine Familie früher einen ganzen Tag brauchte. Die Traktorenfabrik Same Deutz-Fahr hat in Lauingen ein neues Montagewerk und ein modernes Besucher- und Schulungszentrum.

Die Molkerei Gropper in Bissingen verarbeitet täglich ca. 500 000 Liter Milch. Hier siehst du zwei große Abfüllanlagen. Die Milchprodukte kann man in ganz Europa kaufen.

Das Unternehmen BSH Hausgeräte GmbH produziert in Dillingen etwa 1 000 unterschiedliche Modelle von Geschirrspülern. Obwohl die Maschinen einen Großteil der Arbeit erledigen, brauchen Betriebe immer noch gut ausgebildete Mitarbeiter, hier für die Qualitätskontrolle.

Die großen Arbeitgeber

Im Landkreis Dillingen gibt es heute ca. 32 000 Arbeitsplätze. Nur noch ein kleiner Teil ist in der Landwirtschaft tätig. Vor dem Zweiten Weltkrieg waren es deutlich mehr. Fast die Hälfte der Beschäftigten arbeitet heute im Bereich der Produktion, das heißt, sie stellen etwas her. Viele Menschen sind zum Beispiel in den Branchen Metallverarbeitung, Lebensmittel, Elektronik und Fahrzeugbau tätig. Außerdem bieten Handelsunternehmen viele Arbeitsplätze.

Besonders **große oder bekannte Arbeitgeber** sind folgende Firmen:

BSH Hausgeräte GmbH, Dillingen
SAME DEUTZ-FAHR, Lauingen
CREATON, Wertingen
Josef Gartner, Gundelfingen
Regens-Wagner, Dillingen
Thanner, Höchstädt
Molkerei Gropper, Bissingen
GTG Gummitechnik, Gundelfingen
Erwin Müller, Buttenwiesen
ROMA Dämmsysteme, Buttenwiesen
Grünbeck Wasseraufbereitung, Höchstädt
Gartner Extrusion, Gundelfingen

Das **Handwerk** hat weiterhin goldenen Boden, besonders auch im Landkreis Dillingen. Handwerker bauen zum Beispiel Häuser, reparieren Autos oder installieren Heizungen. In unserem Landkreis arbeiten etwa 6 500 Handwerker in ca. 1 500 Betrieben.

Bauer Bodo mäht mit seiner Frau, dem Knecht, der Magd und zwei Kindern ein Feld in zwei Tagen und bringt die Ernte in die Scheune. Jeden Tag arbeiten sie 10 Stunden. Wie viele Stunden Arbeit haben alle zusammen für die Ernte gebraucht?
(Quersumme der Lösung = 3)

Der Mähdrescherfahrer Mathias braucht für das gleiche Feld heute nur noch zwei Stunden. Wie viele Felder könnte er allein in der gesamten Arbeitszeit der Bauersfamilie mähen?
(Quersumme der Lösung = 6)

Landkreis Dillingen

Viele Bedürfnisse und Wünsche der Bürger kann eine Gemeinde nicht allein erfüllen. Deshalb wurden viele früher eigenständige Gemeinden bei der **Gebietsreform 1978** zu **Verwaltungsgemeinschaften** zusammengelegt. Der heutige Landkreis ist sechs Jahre vor dieser Reform entstanden. Damals wurde der früher kleinere Landkreis Dillingen mit den westlichen Gemeinden des Landkreises Wertingen zusammengelegt.

Der Landkreis übernimmt grundsätzlich alle Aufgaben, die eine Gemeinde allein nicht leisten kann und die weder der Freistaat Bayern noch die Bundesrepublik Deutschland erfüllen. Ohne den Landkreis gäbe es keine geordnete Müllabfuhr, keine Kreisstraßen, keine Bauüberwachung und keine Führerscheinstellen. Die größere Gemeinschaft, also der Landkreis, hilft der kleineren Gemeinschaft, der Gemeinde.

Wie bei einer Gemeinde muss auch im Landkreis jemand stellvertretend für die 94 000 Einwohner bestimmen, was gemacht wird. Hierfür wählen die Landkreisbürger alle sechs Jahre einen **Kreistag**. Er besteht aus 60 Männern und Frauen, die beschließen, was im Landkreis gebaut, verwaltet und durchgeführt wird. Die Entscheidungen des Kreistags werden vom Landrat und seiner Verwaltung umgesetzt. Er ist so etwas wie der oberste „Bürgermeister" des Landkreises und Ansprechpartner für alle Bürgermeister der einzelnen Gemeinden.

Interview mit dem Landrat Leo Schrell

Wie wird man Landrat?
Alle sechs Jahre kann man sich um das Amt des Landrats bewerben. Eine Wahl entscheidet dann, wer Landrat wird. Abstimmen dürfen die Menschen im Landkreis, die 18 Jahre und älter sind.

Was macht eigentlich ein Landrat?
Die Aufgaben eines Landrats sind vielseitig. Er ist Chef des Landratsamtes und der Kreiseinrichtungen. Im Landratsamt kümmern sich meine Mitarbeiter täglich um die Anliegen der Menschen im Landkreis. Dort kann man z. B. sein Auto anmelden. Außerdem sind wir für eine gute medizinische Versorgung im Landkreis zuständig. Dafür haben wir zwei Krankenhäuser in Dillingen und Wertingen. Ich kümmere mich auch um die Errichtung und Finanzierung der Realschulen, der Gymnasien, der Berufsschulen und der Förderschulen im Landkreis. Der Bau von Kreisstraßen und Radwegen gehört ebenfalls zu unseren Aufgaben.

Wie lange arbeiten Sie am Tag?
Ich arbeite täglich zwischen 10 und 16 Stunden.

Was gefällt Ihnen am besten an Ihrem Beruf und was können Sie gar nicht leiden?
Am besten gefallen mir die vielen Gespräche mit den Menschen und die Möglichkeit, helfen und meine Heimat mitgestalten zu dürfen. Gar nicht leiden kann ich unehrliche Gesprächspartner und Leute, die nur an sich selbst denken.

Das Landratsamt

Die Gemeinden haben für ihre Verwaltung ein Rathaus. Der Landkreis hat ebenfalls eine Stelle, in der die Beschlüsse des Kreistags sowie die weiteren Aufgaben ausgeführt werden: das Landratsamt. Es liegt in der Stadt Dillingen (Große Allee 24). Die Stadt ist von allen Bürgern im Landkreis gut zu erreichen. Im Landratsamt arbeitet der „Chef des Landkreises", der Landrat, zusammen mit über 280 Mitarbeitern in fünf verschiedenen Abteilungen.

1) Wer wählt den Kreistag?
2) Wie viele Einwohner hat der Landkreis?
3) Wohnst du in einer Gemeinde, in einer Stadt oder einem Markt? Gehört die Gemeinde, in der du lebst, zu einer Verwaltungsgemeinschaft?
4) Warum schließen sich Gemeinden zu Vewaltungsgemeinschaften zusammen?

Stadt, Markt oder Gemeinde?

In Bayern gibt es über 40 000 Siedlungen. Sie gehörten früher meistens einer Adelsfamilie, einem Bischof oder einem Kloster. Zwischen 1700 und 1818 wurden aus den Siedlungen rund 7 300 Gemeinden gebildet. Bei der Gebietsreform von 1978 wurden viele Gemeinden zusammengelegt. Heute gibt es in Bayern 2 056 Gemeinden. Viele haben mehrere Ortsteile, die früher selbstständig waren. Zum Landkreis gehören: 27 Gemeinden, darunter 3 Märkte und 5 Städte.

Als **Gemeinde** bezeichnet man in Deutschland die kleinste räumliche Verwaltungseinheit. Vielleicht kennst du den Ausdruck „auf die Gemeinde gehen". Den benutzen viele Menschen, wenn sie ins Rathaus müssen. Dort ist nämlich meistens die Verwaltung der Gemeinde untergebracht. Als Gemeinde bezeichnet man also ein begrenztes Gebiet, das sich selbst verwaltet. Die Gemeinde hat einen gleichnamigen Hauptort und meistens mehrere Ortsteile, die sehr verstreut liegen können. Die Gemeindegrenzen orientieren sich an der im Laufe der Jahre entstandenen Besiedlung der Landschaft und deren Besonderheiten wie Flüssen und Wäldern. Sie sind zwar festgelegt, können sich aber bei Gebietsreformen auch mal wieder ändern. Manchmal schließen sich mehrere Gemeinden zu einer **Verwaltungsgemeinschaft** zusammen, um Kosten für die Verwaltungsarbeit zu sparen.

Eine **Stadt** ist eine größere Siedlung. Sie besitzt auch für umliegende Gemeinden wichtige Einrichtungen und ist somit ein Anziehungspunkt für Menschen aus der Umgebung. Das können zum Beispiel eine große Schule, eine Stadthalle oder wichtige Einkaufsmöglichkeiten sein.

Als **Markt** bezeichnet man eine Gemeinde, die früher einmal ein „Marktrecht" verliehen bekommen hat. Das heißt, hier durfte und darf ein Markt abgehalten werden. Früher war das ein wichtiges Recht.

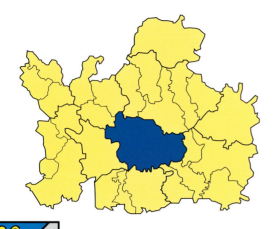

Stadt Dillingen a. d. Donau

Dillingen liegt mitten im Landkreis und gibt ihm seinen Namen. Die Altstadt befindet sich auf der Hochterrasse. Dort war und ist sie vor einem Hochwasser der Donau geschützt. Heute gehören auch die Ortsteile Donaualtheim, Fristingen, Hausen, Kicklingen, Schretzheim und Steinheim zur Stadt. Insgesamt leben hier 18 500 Einwohner.

Das gesamte Stadtgebiet ist schon lange besiedelt. Die frühesten Funde stammen aus der Steinzeit. Dillingen wurde wohl im 6. oder 7. Jahrhundert von den Alemannen gegründet. Von ihnen hat man bisher sechs Reihengräberfriedhöfe gefunden. Die dort ausgegrabenen Schmuckstücke und Waffen kann man sich im Stadt- und Hochstiftsmuseum am Hafenmarkt anschauen (siehe Seite 81).

Dillingen wurde 973 das erste Mal schriftlich erwähnt. Zu dieser Zeit herrschten dort die Hupaldinger. Einer von ihnen war Dietpald I. Er ließ an der Stelle des heutigen Schlosses eine Burg errichten. Von dort konnte der wichtige Donauübergang gut bewacht werden. Dietpald hatte einen berühmten Bruder: Bischof Ulrich von Augsburg (Seite 79). 973 war dieser einige Monate lang Gast auf der Burg. Seit 1111 bezeichneten sich die Hupaldinger als Grafen von Dillingen. In den nächsten Jahrzehnten errichteten sie eine mächtige Burg aus Stein. Das Buckelquadermauerwerk dieser Zeit ist sogar heute noch sichtbar. Anfang des 13. Jahrhunderts wurde Dillingen von den **Grafen von Dillingen** zur Stadt ernannt. 1258 schenkte der letzte Graf von Dillingen, Hartmann V., als Bischof von Augsburg Schloss und Stadt der Kirche von Augsburg. Damit wurde Dillingen eine Stadt des Hochstifts Augsburg. In der Mitte des 15. Jahrhunderts wurde Dillingen bi-

schöfliche Residenzstadt und Regierungssitz des Hochstifts Augsburg. Um 1500 wurde die Burg zu einem **prächtigen Schloss** umgebaut.

Im Stadtwappen beziehen sich die beiden Sterne auf das Marienpatronat des Augsburger Bistums. Der Balken stammt aus dem Wappen der Dillinger Grafen. Die Lilie ist ein Zeichen für das Gemeinwesen einer Stadt.

1549 gründete Fürstbischof Otto Truchseß von Waldburg eine **Universität**, die unter der Leitung

Einer der bekanntesten Studenten der Dillinger Hochschule war **Sebastian Kneipp**, der heute für seine Wasserkuren weltberühmt ist. Er erkrankte 1849 – kurz nach Beginn seines Theologiestudiums – an Tuberkulose. Nachdem er oft in der eiskalten Donau gebadet hatte, wurde er wieder gesund. Im Auwald erinnern die Sebastian-Kneipp-Halle, der Kneipp-Gedenkstein bei der Donau und der Kneipp-Brunnen bei der Donaustaustufe an ihn. Im Taxispark gibt es einen Kneipp-Pfad.

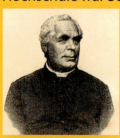

der Jesuiten in ganz Europa bekannt war. Berühmt ist der Goldene Saal im ehemaligen Universitätsgebäude. Bis 1773 lernten dort etwa 30 000 Studenten. Die Stadt blühte richtig auf. Viele schöne Bürgerhäuser sind vor allem in der Königstraße entstanden. 1802 wurde Dillingen bayerisch. Das traf die Stadt schwer, da sie bis dahin stark von der Kirche geprägt war. Die Universität wurde 1804 zu einer Hochschule für Philosophie und Theologie umgewandelt. Zur Universität gehörte die Studienkirche Mariä Himmelfahrt.

In der alten Universität ist heute die **Akademie für Lehrerfortbildung und Personalführung** untergebracht (im Bild unten rechts auf der vorherigen Seite siehst du die Apotheke, die Kirche Mariä Himmelfahrt und die Akademie). Das Schloss bietet nun dem Finanzamt Platz und ist ein beliebter Veranstaltungsort für Märkte (z. B. für den „Häfelesmarkt", einen Töpfermarkt und den Christkindlesmarkt) sowie für Ausstellungen. Dillingen ist für seine bunten Feste bekannt. Egal, ob zum Dillinger Frühling, dem dreitägigen Stadtfest, zu den Faschingsumzügen mit „Bärentreibern" und „Biberstehlern" oder zum Lampionfest im Taxispark: viele Besucher kommen von nah und fern.

Seit dem 13. Jahrhundert gibt es in Dillingen ein Kloster der Franziskanerinnen. 1847 eröffnete ihr Beichtvater **Johann Evangelist Wagner** eine Taubstummenschule. Und das war erst der Anfang: In ganz Bayern gibt es heute Regens-Wagner-Einrichtungen, die sich um Menschen mit Behinderungen kümmern. Allein in

Der prächtige **Mitteltorturm** in der Königstraße ist das einzige noch erhaltene Stadttor. Auf der Ostseite sind zwei Böcke zu sehen, die zu jeder vollen Stunde die Köpfe zusammenstoßen. Der Sage nach soll sie der Kaufmann Böckler als Anspielung auf seinen Namen gestiftet haben.

Dillingen wird über 1300 Menschen geholfen. Während des Zweiten Weltkriegs waren in der Stadt viele Lazarette untergebracht. 23 000 Personen wurden hier behandelt. Das sind mehr als Dillingen heute Einwohner hat! In Dillingen sind schon seit 1681 Soldaten stationiert. Damit ist es eine der ältesten Garnisonsstädte in Bayern.

Heute ist Dillingen auch wegen seiner Schulen ein bedeutendes **Bildungszentrum**: mit einer Grundschule mit drei Außenstellen in Kicklingen, Schretzheim und Steinheim, einer Mittelschule, zwei Förderschulen, einer Realschule, zwei Gymnasien, einer Musikschule und verschiedenen Fachschulen sind alle Arten vertreten. Im Jugendcafé kann man Musik hören und Billard oder Dart spielen. Das Eichwald-Freibad und ein Hallenbad bieten Wasserratten das ganze Jahr über Spaß. Im Kulturzentrum „Colleg" lädt die Stadtbücherei zum Schmökern ein. In der Stadtgalerie finden Konzerte und Ausstellungen statt.

Aus Dillingen stammt Wilhelm Bauer, der Erfinder des U-Bootes. Schräg gegenüber seines Geburtshauses am Hafenmarkt erinnert ein Brunnen an ihn (Bild).
http://www.dillingen.de

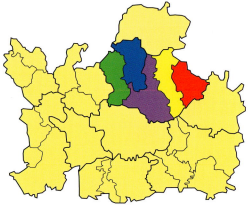

Zur Verwaltungsgemeinschaft Höchstädt gehören die Gemeinden Finningen, Lutzingen, Blindheim, Schwenningen und die Stadt Höchstädt. Sie ziehen sich vom Donautal bis in die Schwäbische Alb.

Stadt Höchstädt a.d. Donau

Die Stadt Höchstädt hat mit ihren Stadtteilen Deisenhofen, Oberglauheim, Schwennenbach und Sonderheim 6660 Einwohner.

Durch Ausgrabungen weiß man, dass auf dem Stadtgebiet schon vor 8000 Jahren in der Steinzeit Menschen lebten, auch die Römer und Kelten siedelten hier. Zum ersten Mal kann man 1081 in einer Urkunde von Höchstädt als „Hohstat" lesen. Der Name bedeutet wohl „hohe Stätte", eine auf dem Hügel liegende Burg.

Zu Beginn des 13. Jahrhunderts gehörte Höchstädt zum Besitz der Staufer, einer berühmten schwäbischen Adelsfamilie. Verwaltet wurde der Besitz von den Herren von Höchstädt, die auf der Burg wohnten. Ein Stauferkönig war es auch, der Höchstädt um 1220 zur **Stadt** ernannte. Die Stadt wurde damals mit Gräben und Holzwällen befestigt. Mit dem Ende der Stauferherrschaft 1268 kam die Stadt Höchstädt dann in den **Besitz der Wittelsbacher,** einer bekannten bayerischen Adelsfamilie. Diese schafften hier einen Verwaltungsmittelpunkt und ein Gericht. Um 1300 errichteten die Wittelsbacher die „Neue Stadt". Sie wurde gleich von einer

Stadtmauer gesichert. Leider wurde die Mauer großteils abgerissen. Der Geigerturm (Bild) durfte jedoch stehen bleiben. Auch das um 1600 neu gebaute Schloss lag innerhalb dieser Mauer.

Noch heute sind aus dieser Blütezeit einige Gebäude erhalten, wie z.B. das ehemalige Kastenhaus, in dem früher das Getreide eingelagert wurde. Schwer getroffen wurde die Stadt durch den Dreißigjährigen Krieg und die Pest 1627. Zu dieser Zeit war Höchstädt im Gegensatz zu den umliegenden Orten noch evangelisch. Die damals im Schloss lebende Pfalzgräfin Anna war nämlich evangelisch. Auch die Untertanen mussten ihrem Glauben folgen.

Das Wappen zeigt einen roten Turm, der für die frühere Höchstädter Burg steht. Das weiß-blaue Wappen steht für den Besitz der Wittelsbacher.

Höchstädt ist heute durch die **„Schlacht bei Höchstädt"** vom 13. August 1704 (S. 24) bekannt. Im prächtigen Schloss gibt es dazu eine Ausstellung. Auch im Heimatmuseum im alten Rathaus

(Bild) findet man neben Informationen zur Stadtgeschichte einen eindrucksvollen Nachbau dieser Schlacht mit Zinnfiguren (Bild unten).

In Höchstädt wohnten schon im Mittelalter Juden, sicher ab 1294. Nicht unter allen Herrschern waren sie gern gesehen und mussten deshalb immer wieder die Stadt verlassen. An die jüdischen Bewohner erinnert bis heute die Straße

Das **Schloss Höchstädt** ist heute ein Museum. Neben einer Ausstellung zur Schlacht bei Höchstädt findet man dort auch das „Museum Deutscher Fayencen" (besonders schön bemalte Keramik, wie z. B. diese Schildkröte.)

„Judenberg", in der früher viele Juden wohnten. Höchstädt hat neben einer langen Geschichte auch heute noch viel zu bieten. Es gibt fast 100 Vereine, ein Hallenbad, eine Mehrzweckhalle, einen Jugendtreff, eine Bücherei, eine Inline-Skating-Anlage und eine schöne Umgebung mit der Donau, dem Donauried und vielen Radwegen. Es gibt hier neben der Grund- und Mittelschule auch ein großes Berufsschulzentrum mit Internat.

Im Schloss finden jedes Jahr Konzerte, Ausstellungen und ein Schlossfestival statt.
Auf Höchstädter Gebiet liegt die Staustufe Höchstädt. Dort produziert ein Kraftwerk genug Strom für die Versorgung von rund 14000 Haushalten.   http://www.hoechstaedt.de/

Katholische Stadtpfarrkirche Mariä Himmelfahrt am Marktplatz

Der Klosterbach fließt durch Höchstädt und ist dort schon ganz nah an der Donau, aber erst bei Schwenningen fließen sie zusammen.

Katholische Pfarrkirche
St. Johannes Baptist

Gemeinde Finningen

Die 1700 Einwohner Finningens leben in den drei Ortsteilen Mörslingen, Oberfinningen und Unterfinningen. Ober- und Unterfinningen liegen beide am Brunnenbach und sind im Laufe der Jahre zusammengewachsen. Im Brunnenbach leben übrigens so viele Bachmuscheln wie nirgendwo sonst! Bereits die Römer ließen sich hier nieder, südlich von Oberfinningen gab es eine „villa rustica", einen römischen Gutshof. Nordöstlich von Unterfinningen liegt im Wald der **„Osterstein"** (oster = östlich gelegen). Er ist ein großer Felsbrocken, der durch den Meteoriteneinschlag im Ries hierher geschleudert wurde. Für die Kelten war hier ein heiliger Ort.

In Finningen gibt es bereits seit dem 13. Jahrhundert eine Burg. Die Herren von Finningen verkauften 1443 ihre Burg und das Dorf an das Augsburger Kloster St. Ulrich und Afra. Auf dem Fundament dieser Burg wurde dann 1530 das Wasserschloss Herrenfinningen gebaut. Heute ist hier ein Restaurant untergebracht.

Mörslingen wurde als „Mersgisilingin" erstmals 1100 erwähnt. Der Steagstrecker-Brunnen (Bild) erinnert an die Sage vom vergeblichen Bemühen der Mörslinger, einen zu kurz geratenen Holzsteg durch Auseinanderziehen zu strecken.

Das Wappen der Gemeinde zeigt ein Einhorn. Es stammt aus dem Wappen der Herren von Finningen. Die drei Sterne kommen aus dem Wappen des Abtes Johann Hohensteiner, der 1443 im Namen des Augsburger Klosters St. Ulrich und Afra Finningen erwarb. Die rechte Wappenhälfte steht für Mörslingen und die Herren von Altheim. Ihre Goldburg lag auf dem Goldberg. Das A und die goldene Burg erinnern an sie.

http://www.vg-hoechstaedt.de/finningen

Der berühmteste Bürger Finningens war **Dominikus Ringeisen**. Er wurde hier 1835 geboren und wollte sein Leben lang anderen Menschen helfen. 1884 hat er in Ursberg im Landkreis Günzburg die Ursberger Anstalten gegründet. Dort leben geistig und körperlich behinderte Menschen und werden von den Schwestern der St. Josefskongregation und von weltlichen Mitarbeitern betreut. In Finningen hat man zu seinen Ehren eine Straße und einen Platz nach ihm benannt.

Verwaltungsgemeinschaft Höchstädt

Bürgerhaus und Gemeindeverwaltung von 2003

Gemeinde Lutzingen

Lutzingen und der Ortsteil Unterliezheim haben eine lange Geschichte. Südlich des heutigen Lutzingen fand man bei Ausgrabungen Reste aus der Jungsteinzeit. Hier wurden wahrscheinlich Keramik und Werkzeuge aus Stein hergestellt.

Ganz sicher gab es Lutzingen schon 1250. Man weiß, dass zu dieser Zeit die Stauferkönige, die damaligen deutschen Könige, Landbesitz in Lutzingen hatten. Später kam Lutzingen zum Herzogtum Pfalz-Neuburg. Es gab auch einen Ortsadel, die Familie „von Lutzingen". Diese Familie hatte viele Kontakte zu Klöstern. Vier Töchter der Familie wurden Äbtissinnen im Kloster Oberschönenfeld im Landkreis Augsburg.

Der linke Teil des Gemeindewappens zeigt eine Krone für die Stauferkönige und einen Engelsflügel für den heiligen Michael, den Namenspatron der Pfarrkirche in Lutzingen. Die rechte Seite wurde dem Wappen von Cölestin Mayer entnommen. Er war Probst von Kloster Unterliezheim.

Die Schlacht bei Höchstädt 1704 traf auch Lutzingen. Drei Viertel brannten nieder. An diese harte Zeit erinnern mehrere Gedenksteine im Gemeindegebiet. Auf dem Eichbergerhof zwischen den beiden Ortsteilen soll der große kaiserliche Feldherr Prinz Eugen sein Hauptquartier genommen haben. Das Gebäude wird derzeit renoviert.

Im Westen von Lutzingen liegt der **Goldberg**. Man sagt, dass reiche Leute aus der Umgebung während des Dreißigjährigen Krieges aus Angst vor Plünderern ihre Schätze dort vergraben haben. Mancher Schatz soll noch immer hier liegen. So hat der Berg seinen Namen erhalten. Die schon 1912 eröffnete Goldbergalm ist ein beliebtes Ausflugsziel.

Ehemalige Klosteranlage mit St. Leonhard in Unterliezheim

Unterliezheim wird zum ersten Mal 1026 in einer Urkunde erwähnt, die das ehemalige Benediktinerinnenkloster betrifft. Das Kloster wurde 1542 aufgelöst und erst viele Jahre später, 1655, vom Augsburger Kloster St. Ulrich und Afra übernommen. Nun wohnten nicht mehr Nonnen, sondern Mönche im Kloster. Sie bauten die Gebäude wieder auf, auch die damalige **Klosterkirche St. Leonhard** wurde bis 1740 erneuert. Durch die Säkularisation wurde das Kloster erneut aufgelöst. St. Leonhard ist nicht nur Wallfahrtskirche, sondern auch Pfarrkirche von Unterliezheim. Der Leonhardiritt wird seit 1991 wieder alljährlich ausgerichtet. Unweit des Ortes liegt die aus Tuffsteinen errichtete, bereits vor über 100 Jahren eingeweihte Lourdesgrotte. Alle drei Jahre veranstaltet der Obst- und Gartenbauverein Unterliezheim im Kloster eine Rosenschau, die für wenige Tage die Klosteranlage verzaubert und deutschlandweit Beachtung findet. Das Klosterbräugebäude wurde in viel ehrenamtlicher Arbeit wieder hergerichtet und dient seit 2003 als Gaststätte mit Biergarten. Heute leben in der Gemeinde 1000 Einwohner. Zur Schule gehen die Lutzinger Kinder in Höchstädt. Im ehemaligen Schulgebäude in Unterliezheim ist der gemeindliche Kindergarten untergebracht.

Der weitläufige **Unterliezheimer Forst** bietet vielfältige Möglichkeiten der Naherholung durch zwei familienfreundliche Themenwanderwege („Sagenhaftes rund um den Goldberg" sowie „Grenzweg – Auf Siebenmeilenstiefeln über sieben Grenzen"). Der für die Umweltbildung wertvolle Naturlehrpfad startet in der Ortsmitte von Unterliezheim. http://www.lutzingen.de/

Bei der Katholischen Pfarrkirche St. Martin stehen zwei Männer auf dem „Buch der Geschichte" und umarmen sich versöhnlich. Das Denkmal wurde 300 Jahre nach der Schlacht von Blindheim zur Erinnerung angefertigt.

Gemeinde Blindheim

Blindheim ist im Ausland unter dem Namen „Blenheim" bekannt. Hier fand 1704 die Kapitulation der Schlacht bei Höchstädt statt, die man deshalb auf Englisch **„Battle of Blenheim"** nennt. Heute kann man das Schlachtfeld von einem Aussichtsturm überblicken.

Der **Denkmalweg** verbindet wichtige Orte der Schlacht. Die Engländer siegten damals (Seite 24). Deswegen wurde viel nach „Blenheim" benannt: Der siegreiche Herzog Marlborough bekam den „Blenheim Palace" in der Nähe von Oxford in England geschenkt. Ein Ort in Neuseeland heißt Blenheim und es gibt sogar einen Apfel, ein Parfum, ein Flugzeug und eine Schwertlilie namens Blenheim.

Der französische Oberst Desnonville überreicht dem englischen General Churchill seinen Degen

Heute ist Blindheim eine Gemeinde mit etwa 1700 Einwohnern und fünf Ortsteilen: Blindheim, Unterglauheim, Wolperstetten, Weilheim und Berghausen. Blindheim hat eine sehr gute Verkehrsanbindung: Es liegt an der B 16 und hat seit 1877 einen eigenen Bahnhof. Derzeit entsteht ein privates Straßenbahnmuseum. Auf einer kurzen Gleisanlage fahren dort vor allem alte Züge der Münchner Straßenbahn.

Das Wappen der Gemeinde zeigt einen Wassermann. Er steht für die Brunnenfelder in Blindheim und Unterglauheim. Die Waffe in seiner Hand ist dem Wappen des Ritters Heinrich von Schlaitdorf entnommen, der 1215 Kapelle und Besitzungen in Wolperstetten an das Kloster Kaisheim verkauft hat. Die Farben Silber und Schwarz findet man ebenfalls im Wappen der Ritter von Blindheim, die dort vom 13. bis zum 15. Jahrhundert lebten. Auch die Schlacht von 1704 ist in das Wappen eingegangen: Das weiße Kreuz auf rotem Grund ist das Wappen des Prinz Eugen von Savoyen, einem der Sieger der Schlacht.

Das Rathaus der Gemeinde liegt in Blindheim im ehemaligen Zillenbauernhof. Im gleichen Gebäude findet man auch das **Heimathaus** (Bild) der Gemeinde. Dort kann man viel über das frühere Leben auf dem Land und die Geschichte des Ortes erfahren. Zu sehen sind auch wertvolle Funde aus der Frühgeschichte. Schon die Kelten und Römer haben sich im Gemeindegebiet angesiedelt. Es gab hier auch

einen römischen Gutshof. Gegründet wurde das heutige Blindheim von den Alemannen. Es war Zentrum einer großen „Urmark". Das heißt, dass rund um das Dorf dazugehörige Siedlungen entstanden. Unterglauheim und Wolperstetten wurden so gegründet. http://www.blindheim.de

Das **Schloss Kalteneck** in Schwenningen wurde von einem der vielen Ortsherren erbaut, von Ritter Kaspar Schenk zum Schenkenstein. Es wurde sehr oft umgebaut und beherbergt heute ein Restaurant.

Gemeinde Schwenningen

Schwenningen hat 1450 Einwohner. Zur Gemeinde gehören der Ortsteil Gremheim, der Gutshof Dettenhart und mehrere Schwaigen. Sie liegen im „Schwaigwinkel" südlich der Donau. Früher waren **Schwaigen** Viehhöfe mit vielen Milchkühen. Aus der Milch stellten die Bauern vor allem Käse her, den sie bis nach Augsburg verkauften. Heute sind sie moderne landwirtschaftliche Betriebe, wie z. B. die Stoffelhansenschwaige (Bild).

Wahrscheinlich wurden sowohl Schwenningen als auch Gremheim von den Alemannen im 6. oder 7. Jahrhundert von Blindheim aus gegründet. Nach Schwenningen nannte sich eine Adelsfamilie, die hier bis etwa 1480 gelebt hat und Dorfherr war. Das Hirschgeweih im Wappen der Gemeinde stammt noch von ihnen. Besitztümer in Schwenningen hatten auch die Grafen von Dillingen, deren Löwe deshalb im Wappen auftaucht. Die restlichen Symbole im Wappen stammen aus Gremheim: Das große rote Andreaskreuz steht für die Andreaskirche (Bild), das kleinere Georgskreuz für die frühere Georgskirche. Sie war die Burgkapelle der Herren von Gremheim, die um das 12./13. Jahrhundert hier regierten.

Gremheim bestand früher aus den zwei Ortsteilen Unter- und Obergremheim, die erst im Laufe der Zeit zusammengewachsen sind. Deshalb gab es früher auch die im Wappen erwähnten zwei Kirchen.

Die Gemeinde setzt sich stark für die Erhaltung des schwäbischen Donauriedes ein. Zusammen mit Blindheim hat Schwenningen von der bayerischen Landesstiftung 2007 den Umweltpreis erhalten. In Gremheim gibt es eine schöne Naturkneippanlage. Die Schwenninger Schüler können bis zur vierten Klasse im eigenen Ort zur Schule gehen.

http://www.schwenningen.eu

An der **Donaustaustufe** bei Schwenningen erzeugt ein Wasserkraftwerk seit 1983 Strom.

Markt Bissingen

Der Markt Bissingen liegt im Norden des Landkreises Dillingen und umfasst 18 Gemeindeteile, die alle bis vor etwa 40 Jahren selbstständige Gemeinden waren. Zur Marktgemeinde gehören Bissingen, Buggenhofen, Burgmagerbein, Diemantstein, Fronhofen, Gaishardt, Göllingen, Hochstein, Kesselostheim, Leiheim, Oberliezheim, Oberringingen, Stillnau, Thalheim, Unterbissingen, Unterringingen, Warnhofen und Zoltingen. Insgesamt leben hier 3 600 Einwohner. In Bissingen kann man bis zur 9. Klasse die Grund- und Mittelschule besuchen.

Der Hauptort Bissingen liegt ziemlich genau in der Mitte zwischen den Städten Nördlingen, Donauwörth und Dillingen. Er wurde schon von den Alemannen gegründet, die sich von hier aus in den umliegenden Orten ansiedelten. Der im oberen Kesseltal gelegene Teil des Gemeindegebietes wurde von Unterringingen aus besiedelt. Der Name Bissingen kommt von seinem Gründer „Bisso", der Name Unterringingen von „Ringo". Viele Adelsfamilien sind nach Ortsteilen benannt, in denen sie oft auch eine eigene Burg besaßen: z. B. Burgmagerbein, Diemantstein, Fronhofen, Gaishardt und Göllingen. Bereits 1281 wurde Bissingen als Markt genannt. Es hatte damit das Recht, einen Wochen- oder Jahrmarkt abzuhalten. Bis heute finden in Bissingen drei Jahrmärkte statt, wovon der Markt am Feiertag Christi Himmelfahrt der bedeutendste ist. Beherrscht wurde das Kesseltal einst von den Herren von Hohenburg. Ihre Burg lag auf einer steilen Bergkuppe westlich von Fronhofen und ist heute nur noch eine Ruine (Bild).

Nach dem Aussterben der Hohenburger verwalteten das Fürstenhaus Oettingen-Wallerstein und die Adelsfamilie Schenkenstein das Kesseltal. Im Jahr 1557 erwarb der berühmte Feldherr Sebastian Schertlin die Herrschaft Bissingen. Er baute hier ein neues Schloss und mehrere große Wehrtürme, von denen noch zwei erhalten sind. Später befand sich in Bissingen ein Oberamt der Fürsten Oettingen-Wallerstein. Als Bissingen 1806 zu Bayern kam, wurde der Ort für einige Jahrzehnte der Sitz eines Landgerichtes.

Bissingen liegt im landschaftlich sehr schönen Kesseltal. Die Kessel, ein kleiner Nebenfluss der Donau, schlängelt sich durch das ganze Gemeindegebiet. Einen tollen Ausblick auf das untere Kesseltal hat man von der Burgkapelle St. Margaretha in Hochstein (Bild).

Im oberen Kesseltal ist der Michelsberg (Bild unten) besonders sehenswert. Am nördlichen Steilhang des Berges liegt unterhalb der Kirche St. Michael die Höhle „Hansele Hohl", die schon in der Steinzeit bewohnt war. Ein neuer Rundweg führt um den Michelsberg. Ein weiteres Wahrzeichen des Kesseltals ist die Wallfahrtskirche Mariä Himmelfahrt in dem kleinen Ort Buggenhofen. Seit 1471 pilgern bis heute jedes Jahr Tausende von Menschen hierher, um der Gottesmutter Maria (Bild) zu danken oder um ihre Hilfe zu erbitten. Die ganze Gemeinde Bissingen ist heute eine be-

Die Katholische Pfarrkirche St. Peter und Paul sowie das Schloss Bissingen und die beiden Wehrtürme überragen den Ort. Ein Blickfang ist auch das neue Rathaus der Gemeinde im ehemaligen Hofgarten.

liebte Erholungsregion für Wanderer, Radfahrer und Reiter. Reiterhöfe gibt es in Zoltingen, Stillnau und Warnhofen. Ein besonderes Highlight ist im Winter neben dem Eisplatz in Bissingen der Skilift in Oberliezheim (Bild), an dem man manchmal sogar bei Flutlicht den Hang hinunterfahren kann!

Nach der Entdeckung der Auerquelle (1906) und der Johannesquelle bei der Stegmühle (1926) war Bissingen schon im vergangenen Jahrhundert ein bekannter Erholungsort. Die beiden früheren Kurheime Auerquelle (Bild) und Stegmühle sind heute moderne Gesundheitszentren.

Die Auerquelle ist zudem ein großer Abfüllbetrieb für Mineralwasser. Daneben bieten aber auch Großbetriebe wie die Molkerei Gropper oder die Firma Finkl Fahrzeugbau viele Arbeitsplätze für die Region. Der Marktort Bissingen ist ein wirtschaftliches und kulturelles Zentrum, dessen Anziehungskraft über das Gemeindegebiet hinausreicht. Das Angebot der verschiedenen Geschäfte, der Ärzte, der Apotheke, der Gaststätten und der Musikschule sowie der vielen Vereine wird auch von der Bevölkerung der umliegenden Orte gerne genutzt.

Das Wappen des Marktes zeigt links ein goldrotes Schachbrettmuster. Das sind die Farben der ehemaligen Herrschaft Hohenburg. Rechts daneben sieht man das Gebissstück eines Zaumzeugs für Pferde, das auf den Ortsnamen „Bissingen" hinweist.

http://www.bissingen.de

Kurhaus Bad Bissingen, Telefon 10 über Donauwörth

Gemeinde Buttenwiesen

Buttenwiesen liegt im unteren Zusamtal und zählt fast 6 000 Einwohner. Die sieben ehemaligen Gemeinden Buttenwiesen, Lauterbach, Pfaffenhofen, Wortelstetten, Frauenstetten, Ober- und Unterthürheim bilden seit 1978 die Gemeinde Buttenwiesen. Flächenmäßig gehört Buttenwiesen zu den drei größten Gemeinden des Landkreises.

Das prächtige Rathaus in Buttenwiesen

Die ersten Siedler vor fast 3000 Jahren waren die Kelten. Später kamen die Römer und nutzten die gute Aussicht vom Thürlesberg auf das Zusamtal und Donauried. Sie errichteten hier ein Kastell mit Wachturm. Im Mittelalter herrschten mehrere Adelsfamilien über die Dörfer im unteren Zusamtal, so etwa die Herren von Wortelstetten und die Herren von Thürheim. Diese erbauten auf dem Thürlesberg ihre Stammburg und zählten zu den wichtigsten Adelsfamilien in Schwaben. Am bekanntesten wurde der Minnesänger Ulrich von Thürheim (ca. 1195–1250), nach dem heute die Grundschule benannt ist. Für die Herren von Thürheim steht die Tür rechts im Wappen. Das schwarze Kreuz erinnert an den Deutschen Orden, der im Gemeindegebiet Besitztümer hatte, darunter Schloss und Vogthaus in Lauterbach. Der untere Teil zeigt das Wappen der Markgrafschaft Burgau, die hier Recht sprechen durfte.

Wie in vielen Gemeinden ging auch in Buttenwiesen die Landwirtschaft zurück. Die meisten der über 1 600 Arbeitsplätze bieten heute drei große Firmen und zahlreiche Handwerksbetriebe. Das Versandhaus Erwin Müller/Baby Butt ist weit über Buttenwiesen hinaus ein Markenzeichen. Auch die beiden großen Betriebe ROMA Dämmsysteme und SURTECO/Bausch-Linnemann liefern ihre Waren in viele Länder Europas. Mitten im fruchtbaren Donauried sollte in den 1980er Jahren ein Atomkraftwerk errichtet wer-

Juden in Buttenwiesen

Im späten 16. Jahrhundert siedelten sich Juden in Buttenwiesen an. Das war nicht selbstverständlich, denn Juden durften nur in wenigen Gemeinden wohnen. In Buttenwiesen mussten sie deshalb auch hohe Abgaben zahlen. Die jüdische Gemeinde entwickelte sich zu einer der größten in ganz Schwaben. Sie brachte viele Handwerker und Kaufleute hervor, die Buttenwiesen zum Aufschwung verhalfen. Um 1850 waren die Hälfte der Einwohner Juden. Als Juden 1861 erlaubt wurde, sich überall niederzulassen, zogen viele von ihnen in größere Städte. Der Rassenhass der Nationalsozialisten im Dritten Reich löschte dann das jüdische Leben in Buttenwiesen endgültig aus: 41 jüdische Mitbürger wurden in Konzentrationslagern ermordet.

Bei Lauterbach hast du einen schönen Blick ins Donauried.

den. Der Bau wurde jedoch durch den jahrelangen Protest der Bevölkerung verhindert. Heute stehen dort ein über 12 m hohes Kreuz aus Beton, vier große Mooreichen und ein großer Gedenkstein, an dem jedes Jahr am 2. Sonntag im Oktober Erntedank gefeiert wird. Hunderte von Menschen versammeln sich dort zum Danksagen für die gute Ernte. Der bekannte Lauterbacher Dichter und Kreisheimatpfleger Alois Sailer hat dazu einen Spruch verfasst: „Herr, gib du Fried dem Donauried und schütz dies Land vor Unverstand." Heute ist die Gemeinde Vorreiter für die Energiegewinnung aus Sonne, Wind, Wasser und Biomasse.

Aber auch für Brauchtum, Erholung und Freizeit haben die einzelnen Ortsteile viel zu bieten. Der Skulpturenweg entlang des Thürlesbergs (Bild) und der Radweg „Via Danubia" ziehen viele Radler aus ganz Deutschland an. Im Sommer ist das Freibad in Lauterbach ein beliebter Treffpunkt. Am Fasnachtssonntag lockt der Lauterbacher Fasnachtszug Tausende Besucher an. Die Kleinkunstbühne Lauterbach bietet jeden Monat internationales Kabarett, Musik und Theater. Im Dezember ist der Nikolausmarsch durch die Wälder in Frauenstetten wegen seiner zauberhaften Atmosphäre beliebt, im Sommer das Sonnwendfeuer in Unterthürheim. In der Riedblickhalle (Bild) tragen die erfolgreichen Turner aus Buttenwiesen ihre Wettkämpfe aus.

Es gibt 23 Kirchen und Kapellen im Gemeindegebiet. Ein besonders wertvolles Kunstwerk ist die Tonmadonna in Vorderried. In Deutschland gibt es nur noch drei vergleichbare Madonnen. Im Ortsteil Pfaffenhofen steht die Pfarrkirche St. Martin, die man wegen ihrer Größe auch den „Zusamdom" nennt. Ihr Kirchturm ragt 58 m über das Donauried. Die Kirche ist auch innen prächtig ausgestattet. In ihr steht eine Statue des Hl. Sylvester, des Schutzpatrons der Haustiere, vor allem des Viehs und der Schweine. Zu dieser Heiligenfigur gibt es die „Sauwallfahrt", die wahrscheinlich einzige Wallfahrt für das Wohl der Schweine. Wertvolle denkmalgeschützte Gebäude aus vergangenen Jahrhunderten sind das

Deutschordensschloss (Bild) und das Vogthaus in Lauterbach, der Pfarrhof in Frauenstetten, der ehemalige Brauereigasthof Straub und die noch nicht renovierte „Schlickerwirtschaft" in Pfaffenhofen, das älteste Haus der Gemeinde.
http://www.buttenwiesen.de

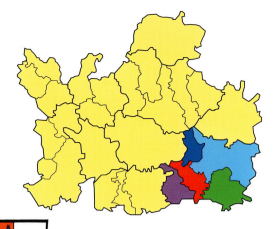

Wertingen, Laugna, Binswangen, Zusamaltheim und Villenbach bilden die **Verwaltungsgemeinschaft Wertingen**.

Stadt Wertingen

Wertingen liegt im unteren Zusamtal. Das Stadtgebiet gehört zum Naturpark Augsburg – Westliche Wälder. Wertingen hat 9 000 Einwohner. Sie leben in der Stadt Wertingen und den Stadtteilen Bliensbach, Geratshofen, Gottmannshofen, Hettlingen, Hirschbach, Hohenreichen, Neuschenau, Possenried, Prettelshofen, Reatshofen, Rieblingen und Roggden. Die Stadt ist ein wichtiger Anziehungspunkt in der Region. Hier findet man alle Einrichtungen zur Versorgung der Bürger, wie die **Kreisklinik Wertingen** und verschiedene Schulen. Es gibt zahlreiche Einkaufsmöglichkeiten. Jedes Jahr findet ein Frühjahrs- und ein Herbstmarkt statt. Freizeitspaß bieten ein Freibad und ein Hallenbad, ein Kino, ein Skaterplatz und die Kneippanlage. Der **Skulpturenweg Donauried** von Wertingen nach Buttenwiesen führt an elf Skulpturen (hier beim Reutenhof) vorbei. Größte Arbeitgeber in Wertingen sind Hotelwäsche EM Group (Müller), das Kreiskrankenhaus, das Versandhaus Buttinette, der Fensterhersteller Schüco und der Ziegelhersteller Creaton.

Auch kulturell hat Wertingen mit fünf **Museen** einiges zu bieten: Das Heimatmuseum im Schloss erläutert die Stadtgeschichte, angefangen mit den Ausgrabungsfunden der Steinzeit. Im Gebäude der Musikschule ist das Radiomuseum untergebracht. Dort gibt es unzählige Radios, Grammophone und Schallplatten zu bestaunen. Die meisten der alten Geräte funktionieren sogar noch. Wie Menschen früher gewohnt und geheizt haben, erfährst du im Schwä-

bischen Ofenmuseum (Bild). In der Schmiedgasse zeigt die Wertinger Schwanen-Brauerei Carry, wie früher Bier gebraut wurde. In der städtischen Kunstgalerie finden jedes Jahr drei verschiedene Ausstellungen statt. In der dazugehörigen Artothek kann man sich sogar Kunstwerke für drei Monate ausleihen.

In Wertingen steht die einzige Kirche Deutschlands, die Türme mit Zinnen hat, die Katholische Stadtpfarrkirche St. Martin. Auch auf dem Stadtsiegel und im Wappen ist sie abgebildet.

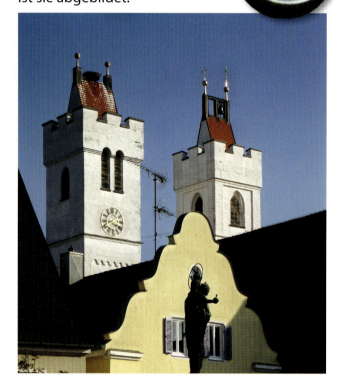

Die Farben Rot und Silber im Stadtwappen von Wertingen sind ein Hinweis auf die Zugehörigkeit zum Bistum Augsburg. Die weiß-blauen Rauten stehen für Bayern.

Die ersten nachgewiesenen Bewohner Wertingens waren die Kelten, wenig später haben sich Römer niedergelassen. Im 5. Jahrhundert gründeten die Alemannen hier eine Siedlung, von der aus das weitere Umland besiedelt wurde.

Der Name Wertingen wurde erstmals 1122 in einer Urkunde als „Wertungin" schriftlich erwähnt. Im 13. Jahrhundert erhoben die Staufer, eine berühmte schwäbische Adelsfamilie, Wertingen zur

Stadt. Zum Schutz errichtete man eine Stadtmauer mit drei Toren: dem Dillinger, dem Thürheimer und dem Augsburger Tor. An die früheren Tore erinnert heute nur noch eine Tontafel an einer Hauswand.

Das **Wertinger Schloss** (oben) wurde nach 1360 erbaut und 1654 erweitert. Heute ist es Sitz der Verwaltungsgemeinschaft und des Heimatmuseums.

1805 führte Napoleon Krieg gegen Österreich. Ein heftiges Gefecht fand damals auch in Wertingen statt. Es ist im Heimatmuseum mit Zinnfiguren nachgestellt: Die mit Bayern verbündeten Franzosen (blaue Uniform) kämpften gegen die Österreicher (graue Uniform). Schließlich siegte Napoleon. Zur Erinnerung an den Feldzug ist der Name Wertingen am Triumphbogen in Paris an erster Stelle eingemeißelt.

Vor wenigen Jahren wurden viele alte Fachwerkhäuser saniert, zum Beispiel das Weldishoferhaus. Sie beherbergen heute Cafés oder Geschäfte und verleihen der Wertinger

Innenstadt eine fast mittelalterliche Atmosphäre. Das Wertinger Stadtfest lockt ebenso wie die Schlossweihnacht Besucher in die Stadt. In der Nähe der Zusambrücke steht der hübsche Gänselieselbrunnen.

Früher gab es den **Landkreis Wertingen**. Er wurde 1972 aufgelöst und teils dem Landkreis Dillingen, teils dem Landkreis Augsburg zugeordnet. (Seite 5).

www.wertingen.de

In Binswangen gibt es eine **Skapulierbruderschaft**. Nach dem 30-jährigen Krieg wurden solche Bruderschaften in vielen Orten von Katholiken gegründet, in Binswangen am 17. September 1685. Beim Skapulierfest im Juli werden alle neuen Mitglieder in der **Marienkapelle** begrüßt. Ein Skapulier ist übrigens ein langer Überwurf, den beispielsweise Mönche tragen. Wer von den neuen Mitgliedern ein Skapulier möchte, kann es heute noch im Kleinformat erwerben.

Gemeinde Binswangen

Die Gemeinde Binswangen hat 1300 Einwohner. Hier gibt es ein reges Ortsleben mit mehreren Festen: Faschingsumzug und Faschingsball, Tanz um den Maibaum, das Dorffest und seit einigen Jahren den Nikolausmarkt. Der Musikverein hat zusammen mit vier anderen Vereinen das Schillingshaus, ein ehemaliges jüdisches Geschäftshaus, renoviert. Die Räume können nun für ihre Gruppen genutzt werden. Es gibt in Binswangen eine Außenstelle der Grundschule Wertingen.

Binswangen wurde um das Jahr 800 gegründet, Fundstücke gibt es aber auch schon von den Kelten. Auch die Römer haben ihre Spuren hinterlassen, führte doch die wichtige Römerstraße Via Danubia durch den Ort. Binswangen wurde im Lauf der Zeit von verschiedenen Ortsherren regiert. Bis 1254 waren dies die Herren von Binswangen, die dann aber ausstarben. Im Wappen der Gemeinde findet man heute die Farben Grün und Gelb. Das sind die Wappenfarben der Herren von Ellerbach, die ab 1334 Ortsherren waren. Die Lilie ist das Symbol der Familie Schertlin, die ab 1570 Grundherren waren und auch die Marienkapelle erbauten. Der Rosenzweig weist auf die Kapelle hin, denn das Symbol Marias ist die Rose.

Binswangen hat auch eine jüdische Geschichte, daran erinnert der Treppengiebel der **Synagoge** unten im Wappen. Nachdem die Juden aus Augsburg und anderen größeren Städten vertrieben worden waren, fanden einige von ihnen spätestens ab 1531 in Binswangen eine neue Heimat. Um 1850 lebten etwa 350 Juden in Binswangen, das war ein Drittel der Bevölkerung. Es gab einen eigenen Friedhof, ein Bad und eine Synagoge. Nachdem die Juden wenig später selbst entscheiden durften, wo sie leben wollten, zogen viele weg. Manche wanderten nach Amerika aus. Die letzten mussten Binswangen 1942 verlassen, als sie von den Nazis in Konzentrationslager gebracht wurden (Seite 26). Noch heute ist die Synagoge in Binswangen erhalten (Bild links). Man hat sie renoviert und nutzt sie als Begegnungsstätte. Ganz in der Nähe steht vor dem Schützenheim seit 2001 ein Brunnen (Bild), auf dem die Gemeindegeschichte dargestellt ist. Der Name Binswangen bedeutet übrigens Siedlung an einem mit „Binsen bestandenen Wang" (= Siedlung an einem stark bewachsenen Hang).

http://www.binswangen.de

Verwaltungsgemeinschaft Wertingen

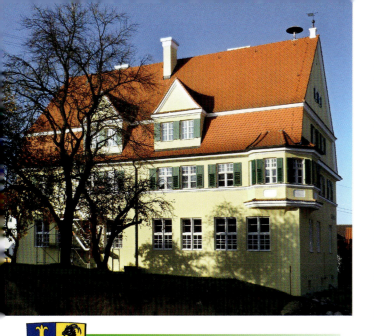

Gemeinde Laugna

In Laugna und seinen Ortsteilen Asbach, Bocksberg, Hinterbuch, Modelshausen und Osterbuch wohnen 1570 Einwohner. Durch die Gemeinde fließen zwei Flüsse: die gleichnamige **Laugna** und der Asbacher Bach.

Seine vielen Vereine machen Laugna zu einer lebendigen Gemeinde. Es gibt neben vier Freiwilligen Feuerwehren drei Schützenvereine, einen Sportverein, zwei Musikkapellen und eine Dreschflegelgruppe. Sie zeigt in historischem Gewand, wie mühevoll man früher das Korn vom Stroh getrennt hat. In Laugna gibt es außerdem seit 1962 eine sehr erfolgreiche Theatergruppe.

Die Geschichte der Ortsteile Laugna und Bocksberg ist eng miteinander verbunden. Oberhalb des Ortsteils Bocksberg liegt die gleichnamige Burg. Sie wurde im 13. Jahrhundert von den **Herren von Bocksberg** errichtet, die hier wohl etwa hundert Jahre lebten. Heute ist die Burg ein wichtiger Veranstaltungsort: Jedes Jahr finden hier der Bocksberger Burgmarkt und Konzerte

In der früheren Schule sind jetzt Rathaus und Kindergarten untergebracht. Heute werden die Grundschüler in Wertingen unterrichtet.

wie das Open Air „Rock auf der Ruine" statt. Die Burg wurde im Dreißigjährigen Krieg zerstört. Damals befand sie sich im Besitz der **Fugger**, die den Sitz ihrer Herrschaft daraufhin in das **Schloss Laugna** verlegten. Noch heute wohnt dort der Forstdirektor der Fuggerschen Stiftungen.

Die anderen Ortsteile haben jeweils eine unabhängige Geschichte: Der Ortsteil Osterbuch gehörte früher den Herren von Buch, die hier auch ein Schloss hatten. Leider ist es mittlerweile verfallen und von Bäumen überwachsen. Mit der Zeit wurde Osterbuch vom Kloster Holzen aufgekauft. Der Ortsteil Asbach gehörte lange Zeit den Pappenheimer Grafen.

Das goldene Lilienkreuz im Wappen stammt vom Augsburger Stift Heilig Kreuz, das 1337 erste Güter in Laugna erwarb. Die Lilie ist das Wappensymbol der Fugger. Aus dem Wappen der Herren von Bocksberg stammt der Ziegenbock. Die Balken unten stehen für den Ortsteil Osterbuch und sollen Buchenstämme darstellen.

In Laugna wurde 1613 der berühmte Priester **Bartholomäus Holzhauser** geboren. Er gründete in den Wirren des 30-jährigen Krieges die „Bartholomäer", eine Gemeinschaft, der sich viele Priester anschlossen. Besonders verehrt wurde er in Bingen, wo er 1658 starb. In Laugna hat man den Bartholomäus-Holzhauser-Platz nach ihm benannt. Zu seinem 350. Todestag im Jahr 2008 wurde auf dem Kirchplatz ein Brunnendenkmal für ihn errichtet. In der Ruhmeshalle in München ist er mit einer Büste geehrt.

http://www.laugna.de

Katholische Pfarrkirche St. Martin und Pfarrhof

Gemeinde Zusamaltheim

Zusamaltheim ist Mitglied der Verwaltungsgemeinschaft Wertingen. Wie der Name andeutet, fließt unten im Tal die Zusam. Zur Gemeinde, in der knapp 1200 Menschen wohnen, gehört auch das Kirchdorf Sontheim und der Weiler Marzelstetten.

Zusamaltheim wurde wohl im 6. oder 7. Jahrhundert von den Alemannen gegründet. Aus dieser Zeit hat man am westlichen Ortsrand Reihengräber gefunden. Im Mittelalter gab es anfangs verschiedene Besitzer, unter anderem die Herrschaft Bocksberg und das Domkapitel. Als größter Grundbesitzer errichtete es im Ort ein **Obervogtamt** (Bild). Das verwaltete den umliegenden Besitz und zog Steuern ein.

1803 wurde kirchlicher Besitz verstaatlicht (Seite 25) und Zusamaltheim gehörte von da an zu Bayern. Im Gemeindewappen erinnern die Farben Rot und Silber an das Augsburger Domkapitel. Die Fischfrau stammt aus dem Wappen der Familie von Bocksberg. Zur Gemeinde gehört auch die Einöde Gauried. Östlich davon liegt der **Raunsberg**. Auf ihm befand sich früher eine Burg. Jedes Jahr findet in der Pfarrei Zusamaltheim ein Gedächtnisgottesdienst für den letzten Burgherren von Raunsberg statt. Den Grund dafür kannst du im blauen Kasten nachlesen.

Der aus Zusamaltheim gebürtige Johann Deisenhofer erhielt 1988 den Nobelpreis für Chemie. Seit dieser Zeit lehrt er an der University of Texas in Dallas, USA.

Die Grundschüler können bis zur vierten Klasse im eigenen Ort zur Schule gehen.
http://www.zusamaltheim.de

Gemeindehaus und Feuerwehr

Wie die Burg Raunsberg verschwand

Eines Tages zog der großzügige Burgherr Ludwig von Wirkau mit dem kaiserlichen Heer nach Italien. Während dieser Zeit herrschte seine Frau Agathe mit Hochmut und Geiz über die Untertanen. Erst als der Burgherr zurückkehrte, ging es den Menschen wieder besser. Als er eines Tages ausritt, bat ihn ein Bettler um ein Stückchen Brot. Ludwig schickte ihn zur Burgherrin. Die jagte den Mann jedoch mit bösen Schimpfworten davon. Der Bettler verfluchte die Burg und ein starkes Gewitter zog auf. Unter Donner und Blitz öffnete sich ein furchtbarer Schlund, der Burg und Herrin verschlang. Bei seiner Rückkehr sah Ludwig verzweifelt auf den trostlosen Platz. Vor wenigen Stunden hatte hier doch noch seine Burg gestanden! Durch die Lüfte drang der Fluch des Bettlers an sein Ohr. Ludwig entschloss sich, die Schuld seiner Frau im Kloster zu sühnen und gelobte: „Alle meine Wälder will ich unter den Bauern meines Landes aufteilen. Alljährlich sollen sie dafür an meinem Todestag den Armen Geld und Brot geben."

Katholische Pfarrkirche St. Jakob

Gemeinde Villenbach

Villenbach mit seinen Ortsteilen Beuren, Demhart, Hausen, Riedsend, Rischgau und Wengen liegt im Zusamtal und in der herrlichen Landschaft des Naturparks „Augsburg – Westliche Wälder". Die Gemeinde hat 1250 Einwohner. Villenbach war schon in der Jungsteinzeit bewohnt. Das weiß man, weil hier eine etwa 3000 Jahre alte Axt gefunden wurde. Vor 2000 Jahren siedelten die Römer hier und 600 Jahre später ließen sich Alemannen in Villenbach nieder. 1194 begann die jahrhundertlange Glanzzeit der Ritter von Villenbach. Sie hatten ihre Burg auf dem Kunzberg im nahen Rischgau. Der letzte Burgherr war bis 1408 „Ritter Kunz", dessen Geschichte anlässlich der Villenbacher 800-Jahr-Feier 1994 auf der Freilichtbühne gespielt wurde. Das Wappen der Gemeinde zeigt den Ochsenkopf aus dem Wappen der einstigen Herren von Villenbach.

In Villenbach wird auf verschiedene Weise Strom erzeugt: Ein Landwirt unterhält eine Biogasanlage, die neben der Stromerzeugung zusätzlich 70 Häuser mit kostengünstiger und umweltfreundlicher Wärme versorgt. In der Schrankbaum- und der Wiesenmühle werden mit Hilfe der Wasserkraft Turbinen angetrieben. Ein Solarpark nordwestlich von Villenbach fängt die Energie der Sonne ein.

Für Kinder gibt es den Kindergarten „Spatzennest" in Villenbach und das „Zwergenstübchen" in Wengen. Der Jugendtreff ist im „Lagerhaus". Schulkinder fahren mit dem Bus in die Grundschule Zusamaltheim.

30 Vereine beleben in der Gemeinde den Alltag. Ein Höhepunkt im Sommer sind die Veranstaltungen auf der **Freilichtbühne** in Villenbach. Jährlich findet das „Villabacho" Open Air sowie im Zwei-Jahres-Rhythmus das Freilichttheater statt.

Stolz sind die Villenbacher auf ihre **Mühlen** an der Zusam. Bis heute ist die Hausenmühle (Bild unten) mit einem Sägewerk in Betrieb. In der Schrankbaummühle wird noch Getreide gemahlen, während die Wiesenmühle nur noch Wohnzwecken dient.   http://www.villenbach.de

Der Dorfbrunnen zeigt die Bedeutung der Wasserkraft.

Verwaltungsgemeinschaft Wertingen

Holzheim liegt am Übergang der hügeligen Westlichen Wälder zum flachen Donauried

Holzheim bildet mit den Gemeinden Glött und Aislingen die **Verwaltungsgemeinschaft Holzheim**.

Gemeinde Holzheim

Die Gemeinde Holzheim hat zusammen mit ihren Ortsteilen Altenbaindt, Ellerbach mit Fultenbach, Eppisburg und Weisingen 3 690 Einwohner. Sie liegen auf dem südlichen Zipfel des Holzwinkels, was auch den Namen „Heim am Holz" erklärt.

Freizeitspaß wird von einem Hallenbad und vielen Vereinen geboten. Aber es gibt hier auch ausgefallenere Sportarten wie Gleitschirmfliegen in Ellerbach und Segeln in Weisingen. Im Fasching sind in der Gemeinde die Narren los. Da Holzheims Kirche dem Heiligen Martin geweiht ist, gibt es hier ein großes Martinsfest mit Verkaufsständen und einem Laternenumzug.

Holzheim wurde im 7. Jahrhundert von den Alemannen gegründet. Es haben jedoch schon früher Menschen auf dem Gemeindegebiet gelebt, wie man von Ausgrabungen weiß. Durch Holzheim führte eine Römerstraße, die Via Danubia. Im Mittelalter war hier ein kleiner Adelssitz der Herren von Holzheim. Ihre Burg stand wahrscheinlich dort oben, wo heute die **Sebastianskapelle** steht (oben links im Bild). Auch in Eppisburg stand im Mittelalter eine Burg. Der Ortsname bedeutet „Burg eines Eppin".

Weisingen wurde ebenfalls von den Alemannen im 7. Jahrhundert gegründet, wahrscheinlich von Holzheim aus. Die anderen Orte der Gemeinde sind jünger und entstanden erst etwa 500 Jahre später. 2011 wurde die Ortsmitte Weisingens neu gestaltet (Bild).

Südlich von Ellerbach lag früher das **Benediktinerkloster Fultenbach**, das schon um 740 gegründet und erst 1803 in der Säkularisation aufgegeben wurde.

Das Wappen der Gemeinde zeigt die früheren Grundbesitzer: Die Farben Rot und Silber stehen für das Domkapitel Augsburg, das im Gemeindegebiet ab etwa 1200 Eigentum besaß. Der Löwe kommt aus dem Wappen der Grafen Adelmann von Adelmannsfelden. Ein berühmtes Familienmitglied, der Wissenschaftler Conrad Adelmann, lebte im 16. Jahrhundert in Holzheim. Die drei Sterne stammen aus dem Wappen des Abtes Michael Dobler von Deggingen, der aus Holzheim kam. www.holzheim.de

Im ehemaligen **Fuggerschloss** ist heute **Regens Wagner Glött**, ein Behindertenheim der Regens-Wagner-Stiftungen, untergebracht. Es ist der größte Arbeitgeber in der Gemeinde.

Gemeinde Glött

Glött hat gut 1100 Einwohner. Die Gemeinde liegt im Tal der **Glött**. Der Name bedeutet so viel wie das glatte, glänzende Wasser. Die ältesten Bodenfunde stammen aus der Bronzezeit. Im Mittelalter wurde Glött von verschiedenen Adeligen beherrscht. 1537 kaufte schließlich Anton Fugger (Bild) Schloss und Dorf. Johann Ernst Fugger ist der Ahnherr der **Adelsfamilie Fugger-Glött**, die es heute noch gibt. Die Fugger waren für die Entwicklung der Gemeinde von großer Bedeutung.

Sie richteten in Glött ein Pflegamt ein, das den Grundbesitz der benachbarten Orte verwaltete. Unter den Fuggern besaß Glött sogar das Recht, einen Markt abzuhalten.

1806 mussten die Fugger Glött an Bayern abgeben. Die Grafen Fugger-Glött behielten zunächst den Großteil ihres Gutsbesitzes. 1869 verkauften sie dann ihr Wasserschloss an den Leiter des Dillinger Priesterseminars, Johann Evangelist Wagner. Er richtete dort eine Versorgungs- und Pflegeanstalt ein. Heute gehört sie zur Regens-Wagner-Stiftung und kümmert sich um Menschen mit geistiger Behinderung.

Mit einem historischen Fest und einem Umzug wurde 2011 ein Doppeljubiläum gefeiert: vor 450 Jahren war das Schloss Glött fertig gestellt worden

und seit 300 Jahren nennt sich eine Linie „Fugger von Glött". Die Linie „Fugger von Glött" lebt heute in Kirchheim im Landkreis Unterallgäu.

Die große Bedeutung der Fugger kann man auch am Gemeindewappen erkennen: Die Lilien und der rot-gelbe Pfahl in der Mitte stammen aus dem Familienwappen der Fugger-Glött. 2007 wurde in Glött die erste **Windkraftanlage** im Landkreis Dillingen errichtet (Seite 75).
http://www.glött.de

Rathaus und Kindergarten, eingeweiht im Jahre 1998

Verwaltungsgemeinschaft Holzheim

Von der Sebastianskapelle aus hat man einen herrlichen Blick über das Donautal.

Markt Aislingen

Der Markt Aislingen liegt am Rand des Donautals. Mit seinen Ortsteilen Baumgarten, Rieder und Windhausen hat er 1300 Einwohner.

Das Gebiet des Marktes war schon seit der Steinzeit besiedelt. Später bauten die **Römer** bei Aislingen ein **Kastell** (unten siehst du ein Modell). Südlich davon entstand ein Dorf, in dem auch die Angehörigen der Soldaten wohnten. Es lag ungefähr dort, wo heute das zweite Spielfeld des Sportvereins ist. Das Kastell brannte um 68 n. Chr. ab und das Lagerdorf wurde aufgegeben.

Dr. Arnold Schromm

Weil man Reihengräber gefunden hat, vermutet man, dass Aislingen von den Alemannen gegründet wurde. Die frühesten Herrscher, von denen man weiß, waren die Herren von Aislingen. Vermutlich lebten sie südlich des Ortes auf einer Burg. 1629 wurde an ihrem Platz die **Sebastianskapelle** (Bild oben) erbaut. Sie war lange Zeit ein beliebter Wallfahrtsort für Kranke. Auf dem Sebastiansberg befindet sich eine riesige **Schanzenanlage**, die wohl im 10. Jahrhundert als Schutz gegen die Ungarn entstand. Ab 1280 war Aislingen im Besitz der Grafen von Werdenberg. Nach mehr als 200 Jahren verkaufte die Adelsfamilie ihre Güter dann 1489 an den Augsburger Bischof. Dieser richtete hier ein Pflegamt ein, das den Grundbesitz verwaltete. 1803 ging der Ort an Bayern.

Wann Aislingen zum Markt erhoben wurde ist nicht überliefert. Für die Zeit um 1270 ist jedenfalls schon ein Aislinger Markt belegt. Noch heute finden auf dem Marktplatz im Frühjahr und im Herbst Märkte statt. Am dritten Sonntag nach Ostern wird der so genannte „Schnittlauchmarkt" abgehalten. Im September lockt der „Zwetschgamarkt" Besucher an.

Im Ortsteil Baumgarten stand ein Schloss. Als es langsam verfiel, wurde es 1863 schließlich abgerissen.

Kath. Pfarrkirche St. Georg und der Pfarr

In Rieder steht die Katholische Kapelle St. Isidor, die 1916 erbaut wurde. Dieser Gemeindeteil hat eine besonders aktive Dorfgemeinschaft, die Veranstaltungen und gemeinsame Reisen organisiert. Der Ortsname Windhausen bedeutet so viel wie „zu den Wendenhäusern" und verweist auf eine Ansiedlung von slawischen Kriegsgefangenen im Mittelalter.

Das Gemeindewappen zeigt links die Sebastianskapelle, das Wahrzeichen des Marktes. Rechts sieht man die rote Sturmfahne aus dem Wappen der früheren Grundherren von Werdenberg. Die Hintergrundfarben erinnern an den Augsburger Bischof.   http://www.aislingen.de

Gemeinde Bächingen a.d. Brenz

Bächingen liegt südlich der **Brenz** am Nordrand des Schwäbischen Donaumooses. Im Westen ist die Gemeinde mit Sontheim zusammengewachsen, das schon in Baden-Württemberg liegt.

Ursprünglich hieß der Ort Bechenheim, das heißt „Heim eines Bacho". Weil der Name oft ungenau ausgesprochen wurde, ist aus Bechenheim im Lauf der Zeit Bächingen geworden.

Im 16. Jahrhundert herrschten die Herren von Westernach über den Ort. Sie ließen das heutige Wasserschloss bauen. Unter Eitelhans von Westernach entwickelte sich Bächingen zur reichsritterschaftlichen Herrschaft. Das heißt, dass es nun direkt dem Kaiser unterstand. Eitelhans führte auch die Reformation ein: Die Untertanen mussten vom katholischen zum evangelischen Glauben übertreten. In der evangelischen Nikolaikirche (Bild) ist noch der Grabstein von Eitelhans zu sehen. Ab 1594 gehörte Bächingen für fast 200 Jahre den Herren vom Stein, von denen es 1790 an die berühmte Herzogin Franziska von Württemberg kam. Sie wird für ihre Frömmigkeit

und Wohltätigkeit noch heute verehrt. 1812 wurde Bächingen an den Freiherrn Johann Gottlieb von Süßkind (Bild) verkauft. Er war ein reicher Bankier aus Augsburg. Seine Nachfahren besitzen noch heute das **Schloss** am Südufer der Brenz. In einem Nebengebäude des Schlosses ist heute das **Mooseum** untergebracht (Bild). Diese

Umweltstation zeigt Entstehung, Entwicklung und Probleme des Donaumooses. Für Schulen und Kindergärten gibt es dort eigene Veranstaltungen. 1806 kam Bächingen zu Bayern. Im Zweiten Weltkrieg wurde der Ort von amerikanischen Fliegerangriffen getroffen. Jedes dritte Haus brannte ab und mehrere Menschen wurden getötet.

Heute leben hier 1300 Einwohner. In der Gemeinde gibt es sowohl Kindergarten

(Bild) als auch Grundschule, eine Gemeindehalle, ein Dorfgemeinschaftshaus sowie ein reges Vereinsleben. Das Gemeindewappen erinnert an die beiden Adelsfamilien, die wichtige Herrscher waren: Der Wolf stammt aus dem Wappen der Familie von Westernach, die Wolfsangel (das ist ein Teil einer Wolfsfalle) kommt aus dem Wappen der Familie von Stein. www.baechingen.de

Die Stadt Gundelfingen bildet zusammen mit den Gemeinden Bächingen, Haunsheim und Medlingen die **Verwaltungsgemeinschaft Gundelfingen.** Bächingen breitet sich im Tal der Brenz aus. Gundelfingen liegt großteils im Donautal. Medlingen breitet sich auf der Hochterrasse und auf den Ausläufern der Schwäbischen Alb aus. Haunsheim liegt auf den Rändern der Schwäbischen Alb.

Stadt Gundelfingen a.d. Donau

Gundelfingen liegt an der **Brenz**, knapp vor dem Zusammenfluss mit der Donau. Zusammen mit den früheren Gemeinden Echenbrunn und Peterswörth hat die Stadt etwa 7 800 Einwohner. Früher gab es hier nur ein paar einzelne Weiler und Höfe. Das weiß man, weil rund um den Stadtkern 15 kleine alemannische Reihengräberfriedhöfe gefunden wurden. Erst als um 700 eine Martinskirche (Bild) errichtet wurde, wuchsen die Weiler langsam zu einer Dorfsiedlung zusammen. Bodenfunde belegen sogar, dass hier schon seit der Steinzeit Menschen lebten. Die römische Straße Via Danubia verlief durch den Ort. Aus

dieser Zeit sind zwei **Meilensteine** erhalten. Sie standen ursprünglich an der Straße, die zum Kastell nach Faimingen führte. Durch die Beschriftung auf einem Meilenstein konnte man nun herausfinden, dass das Kastell „Phoebiana" hieß. Ein Meilenstein ist heute zusammen mit Waffen und Spangen in der Leonhardskapelle von St. Martin zu sehen.

Um 1200 ernennen die Staufer, eine berühmte schwäbische Adelsfamilie, Gundelfingen zur **Stadt** und sichern sie mit einer Stadtmauer. Von den drei Stadttoren ist heute nur das „**Untere Tor**" erhalten. Nach dem Aussterben der Staufer gehörte Gundelfingen ab 1268 den Wittelsbachern, der bekannten bayerischen Adelsfamilile. Als die Habsburger **1462** Krieg gegen sie führten, wurde auch **Gundelfingen belagert**. Die Stadt hatte schwer darunter zu leiden. Viele Menschen starben und das „Untere Tor" wurde so stark beschossen, dass es einstürzte. Für das tapfere Ausharren und die erwiesene Treue verlieh der Landherr der Stadt Privilegien. Aus diesem Grund sind die blau-weißen bayerischen Rauten im Wappen zu sehen. Der Löwe erinnert an die Staufer und der grüne Gunderbaum (Gundreba = Ahorn) soll auf den Ortsnamen anspielen. Im Rathaus hängt ein Ölgemälde, das die Belagerung zeigt.

Anlässlich des 550-jährigen Jubiläums der Belagerung wurde die Stadtmauer renoviert und erinnert nun an dieses markante Ereignis.

Ab 1505 war Gundelfingen Teil des Fürstentums Pfalz-Neuburg, ab 1806 gehörte es zum Königreich Bayern.

Um 1100 wurde in Echenbrunn ein Benediktinerkloster gegründet, das während der Belagerung

Der linke Geiger

Am Unteren Tor erinnert ein Relief an den linken Geiger. Im 17. Jahrhundert begeisterte der arme Geiger Utz die Gundelfinger mit seinem Spiel, obwohl seine linke Hand verkrüppelt war. Er konnte mit ihr nur den Bogen halten und keine Saiten greifen.

Stehen im Brunnen zwei Stühle, die zum Platznehmen einladen? Oder sitzen dort zwei Menschen vor dem Rathaus? Im Hintergrund steht das Wahrzeichen der Stadt, das Untere Tor.

1462 in Flammen aufging.

Petersworth ist von Gundelfingen aus im Mittelalter gegründet worden. Da die Ansiedler wie Petrus Fischer waren, benannten sie ihre Kirche nach ihm „St. Peter".

Südwestlich des Ortes liegt das Naturschutzgebiet **Gundelfinger Moos** (Seite 82). Ponys und Rinder beweiden das Moor. Der Donaustausee ist ein Paradies für Wasservögel. Durch das Moos führt ein Naturerlebnispfad, zu dem auch ein Turm gehört, von dem aus man Vögel beobachten kann.

Gundelfingen wird wegen seiner zahlreichen Gartenbaubetriebe gerne als „Gärtnerstadt" bezeichnet. Die Stadt hat sich in den vergangenen Jahrzehnten zu einem modernen Industrie- und Gewerbestandort entwickelt. Die Gundelfinger Betriebe bieten viele interessante und attraktive wohnortnahe Arbeitsplätze. Das Süddeutsche Bildungszentrum für Floristen befindet sich im **Rosenschloss Schlachtegg** (Bild). In der ehemaligen Walkmühle wurden früher mit Hilfe der Wasserkraft Stoffe hergestellt. Heute wird sie als Kulturzentrum genutzt und bietet Platz für Ausstellungen und Veranstaltungen. Im Frühjahr findet in der Brenzhalle ein Ostereiermarkt statt. Im Herbst wird Erntedank mit einem prachtvoll geschmückten Altar in der Katholischen Stadtpfarrkirche sowie einem Kunsthandwerkermarkt gefeiert. Freizeitspaß bieten das Hallenbad bei der Mittelschule, eine Wasserskianlage, zwei beaufsichtigte Badeseen und der Schnellepark mit Fischtreppe und Kneippanlage. Darüber hinaus gibt es zahlreiche Möglichkeiten sportlich aktiv zu werden. http://www.gundelfingen-donau.de

In der Altstadt findest du viele Häuser, die noch aus dem 17. Jahrhundert stammen, wie z. B. das schöne Rathaus.

Gemeinde Medlingen

Medlingen liegt auf der Hochterrasse an den Ausläufern der Schwäbischen Alb. Es grenzt an Baden-Württemberg. Die beiden Ortsteile Obermedlingen und Untermedlingen waren bis 1975 eigenständige Gemeinden. Heute leben hier knapp 1000 Menschen.

Zwei kleine Reihengräberfriedhöfe wurden im Westen des Dorfes entdeckt. Deswegen vermutet man, dass Obermedlingen von den Alemannen im 6. oder 7. Jahrhundert gegründet wurde. Der Ortsname bedeutet „zu den Leuten eines Madilo". Damit könnte der alemannische Gründer gemeint sein. Bodenfunde gibt es auch schon aus der Steinzeit, von den Kelten und von den Römern. Die Geschichte beider Ortsteile ist eng mit dem **Obermedlinger Kloster** verbunden, das 1251 von Walter von Faimingen gestiftet wurde. Der 73 m hohe Turm der Stiftskirche prägt die Landschaft und ist schon von weitem sichtbar.

Obermedlingen war Anfang des 16. Jahrhunderts im Besitz von Ottheinrich von Pfalz-Neuburg. Als er den evangelischen Glauben annahm, begann für das katholische Kloster eine Krise, da ein Herrscher die Religion seiner Untertanen bestimmen durfte. In den folgenden Jahrhunderten wurde das Kloster mehrfach aufgelöst und unter anderen Ordensgemeinschaften wieder eingerichtet. Mitten im Zweiten Weltkrieg mussten die Räume als Krankenstation für Soldaten und nach Kriegsende als Flüchtlingslager herhalten. Seit 1996 lebt nun die Ordensgemeinschaft der Marianer im Obermedlinger Kloster.

Die Bedeutung des Klosters für Medlingen zeigt sich auch im Gemeindewappen: Der Hund mit der Fackel im Maul stammt aus dem Ordenswappen der Dominikanerinnen und ist auch über dem Kirchenportal abgebildet (Bild). Die schrägen Zinnen stammen aus dem Wappen des Klostergründers Walter von Faimingen. Die drei Hirschspuren kommen aus dem Wappen von Untermedlingen. Sie sind das Kennzeichen der heiligen Radegundis, der Kirchenpatronin von Untermedlingen. Mehrere hundert Jahre alt ist die **Bächinger Linde** (die aber eigentlich eine Bergulme ist). Sie steht zwischen Obermedlingen und Bächingen und genießt als Naturdenkmal besonderen Schutz.
http://www.medlingen.de

Gemeinde Haunsheim

Haunsheim und der Ortsteil Unterbechingen liegen am Zwergbach. Deswegen sagt man auch, dass die Gemeinde im Bachtal liegt. Pfeilspitzen aus Stein und andere Werkzeuge beweisen, dass hier schon seit der Steinzeit Menschen lebten. Nördlich vom Ort gibt es eine Keltenschanze. Heute hat die Gemeinde etwa 1600 Einwohner.

Im 16. und 17. Jahrhundert gehörten die Herrscher in Haunsheim der Reichsritterschaft an. Das heißt, dass sie direkt dem Kaiser unterstanden. Ein wichtiger Inhaber der Herrschaft war **Zacharias Geizkofler** (Bild). Er war Reichspfennigmeister, also ein Finanzminister. 1603 führte er in Haunsheim die evangelische Konfession ein. Im gleichen Jahr ließ er ein Bad- und Schulhaus bauen und führte die allgemeine Schulpflicht ein. Weil er sich sehr für die Bildung eingesetzt hat, ist heute die Grundschule in Haunsheim nach ihm benannt. Auch **Schloss Haunsheim** (Bild) wurde von ihm gebaut. Als Geizkoflers Enkelin 1666 heiratete, ging Haunsheim an die Familie des Ehemannes, die Herren von Racknitz. Ab 1806 gehörte Haunsheim zu Bayern. 1823 kaufte dann Johann Gottlieb Freiherr von Süßkind Schloss Haunsheim mit dem dazugehörigen Grund und ließ es umgestalten. Er war ein reicher Bankier aus Augsburg, der schon die benachbarte Herrschaft Bächingen gekauft hatte. Über mehrere Schritte gelangte das Schloss schließlich 1864 in den Besitz der Familie von Hauch, der es auch heute noch gehört. Das schöne Schloss ist von einem großen Garten umgeben und wird für Veranstaltungen genutzt. Sehenswert ist in Haunsheim auch die **Evangelische Dreifaltigkeitskirche** (Bild unten). Sie ist im Stil der Renaissance errichtet. An der Planung hat auch der Augsburger Stadtbaumeister Elias Holl mitgewirkt, der dort das berühmte Rathaus erbaut hat. Das Gemeindewappen erinnert an den wichtigen Herrscher Geizkofler: Es zeigt das Schlosstor mit einem Gamsbock, der aus seinem Familienwappen übernommen wurde. In Unterbechingen findet jedes Jahr zum Namenstag des heiligen Georg der Georgiritt statt. Fast 100 Pferde beteiligen sich daran.

http://www.haunsheim.de

Verwaltungsgemeinschaft Gundelfingen

Syrgenstein bildet mit den Gemeinden Zöschingen und Bachhagel die **Verwaltungsgemeinschaft Syrgenstein**.

Gemeinde Syrgenstein

Die Gemeinde Syrgenstein entstand 1970. Damals legte man die beiden Gemeinden Altenberg und Ballhausen zusammen und nannte sie Syrgenstein. Die Freiherren von Syrgenstein waren früher wichtige Herrscher. Sie erbauten 1693 das heutige **Schloss** in Altenberg. Es befindet sich heute in Besitz des Prinzen Hugo von und zu Lichtenstein. An der Nordseite des Schlosses befand sich lange Zeit ein Klostertrakt, in dem bis 1973 Dillinger Franziskanerinnen lebten. Altenberg ist das höchstgelegene und am dichtesten besiedelte Dorf des ganzen Landkreises.

Das Gemeindewappen zeigt mit dem Adler das Symbol der Freiherren von Syrgenstein. Im unteren Teil ist der „Alte Thurm" in Staufen abgebildet (Bild). Er gehört zur Ruine der **Burg Bloßenstaufen**, die 1462 zerstört wurde. Der Ortsname „Staufen" hat nichts mit der berühmten schwäbischen Adelsfamilie der Staufer zu tun. Er bedeutet so viel wie „Siedlung an einem Stauf" (= ein Berg, der aussieht wie ein umgedrehter Kelch). Der Ort wurde von den Alemannen gegründet. Das weiß man, weil hier alemannische Reihengräber gefunden wurden. In Staufen entspringt auch der **Zwergbach**. Er wird verkürzt oft nur Bach genannt. Deswegen sagt man auch, dass die Gemeinde im Bachtal liegt. In Landshausen steht die Katholische Filialkirche St. Nikolaus, die 1929 erbaut worden ist. Sie ist die einzige Kirche im Landkreis im Stil der „Neuen Sachlichkeit". Syrgenstein hat mit den beiden Ortsteilen Landshausen und Staufen 3 650 Einwohner. Die Orte sind in letzter Zeit stark gewachsen, weil viele Menschen, die in Baden-Württemberg arbeiten, in die Gemeinde gezogen sind.

http://www.syrgenstein.de

Das Dach der Katholischen Pfarrkirche St. Wolfgang (1974) in Ballhausen sieht aus wie ein Zelt.

Katholische Friedhofskapelle St. Georg in Bachhagel

Gemeinde Bachhagel

Die Gemeinde Bachhagel hat mit ihren Ortsteilen Burghagel und Oberbechingen etwa 2400 Einwohner.

Auf dem Gemeindegebiet haben schon früh Menschen gelebt. Das weiß man, weil z.B. Gefäßscherben aus der Bronzezeit und ein seltener Armreif ausgegraben wurden.

Bachhagel wurde 1269 zum ersten Mal schriftlich in einer Urkunde erwähnt. Damals herrschten hier die Herren von Hagel, die auf einer Burg in Burghagel lebten. Leider wurde diese 1462 zerstört und nicht wieder aufgebaut.

In den nächsten Jahrhunderten gab es in Bachhagel verschiedene Grundbesitzer, darunter auch das Fürstentum Pfalz-Neuburg. Der Pfalzgraf Ottheinrich verkaufte Oberbechingen. Ab 1581 gehörte es Hans Caspar Roth von Schreckenstein. Er ließ hier ein schlichtes **Schloss** (Bild) errichten.

Das Fürstentum Pfalz-Neuburg richtete in Bachhagel ein Vogtamt ein, das den umliegenden Besitz verwaltete. Das ehemalige Vogteihaus steht heute noch an der Hauptstraße. Der Sage nach spukt dort ein Mann ohne Kopf. Er hatte seine eigene Ernte vor einem Unwetter gerettet, statt auf den Äckern des Vogtes zu arbeiten. Dafür wurde er geköpft. Seitdem poltert er in Vollmondnächten durchs Haus.

Die Gemeinde Bachhagel ist für ihre Spitznamen bekannt. Zu ihrer Entstehung gibt es eine Geschichte: Aus Bachhagel und Burghagel waren die Kirchgänger zu einer Prozession losgezogen. Die Bachhageler machten sich lustig über die ausgefransten Fahnen der Burghageler. Sie riefen „Fahnastutzer, Fahnastutzer". Da fühlten sich die Burghageler beleidigt. Einer von ihnen sah, dass die Bachhageler gerade frischen Klee kauten und rief „Kleeschluzer, Kleeschluzer". Warum die Oberbechinger Pantscher genannt werden, wissen wir nicht.

Auf dem Birkele befindet sich die Bachtal-Volksschule. Dort gibt es eine Bücherei und eine Turnhalle.

Das Wappen von Bachhagel zeigt links einen schwarzen Sperrhaken, der von den Herren von Hagel stammt. Das Einhorn rechts ist das Wappensymbol der Herren Roth von Schreckenstein. Die blaue Welle steht für den **Zwergbach** (Bild).

http://www.bachhagel.de

Verwaltungsgemeinschaft Syrgenstein

Gemeinde Zöschingen

Zöschingen ist die kleinste Gemeinde des Landkreises und hat 750 Einwohner. Sie liegt auf der Schwäbischen Alb. Der kleine Rostelbach hat hier ein schönes Tal geschaffen. Rund um den Ort erstrecken sich hügelige Wälder. Es gibt einen Dorfladen, einen Kindergarten, eine neue Kneippanlage und eine Mehrzweck-Gemeindehalle. Sie bietet Platz für Sport, Feste und Versammlungen. Auch der Musikverein probt hier. Bis zur vierten Klasse gehen die Kinder in der Bachtal-Volksschule Syrgenstein-Bachhagel zur Schule. Die Hälfte der Klassen wird in Syrgenstein unterrichtet.

Schon in der Steinzeit lebten Menschen auf dem Gemeindegebiet. Das wissen wir von Ausgrabungen alter Steinwerkzeuge. Aus der Römerzeit sind Überreste eines Gutshofs gefunden worden, eine sogenannte **villa rustica**.

Der Ort wurde von Alemannen gegründet. Zwei Reihengräberfriedhöfe aus dem 7. Jahrhundert beweisen das. Der Ortsname taucht zum ersten Mal 1257 in einer Urkunde auf. Er bedeutet so viel wie „zu den Leuten eines Zozo". Das war wohl der alemannische Gründer.

Auf dem **Ghagberg** wurde im 13. Jahrhundert eine Burg errichtet, die heute nicht mehr zu sehen ist. Die Erbauer nannten sich nach dem Ortsnamen die Herren von Zöschingen

Auf dem Schellenberg erhebt sich die Katholische Kapelle Maria Steinbrunn, die 1746 von der Gemeinde Zöschingen erbaut wurde.

Gemeinschaftshaus mit Rathaus, Dorfladen, Feuerwehr

Katholische Pfarrkirche St. Martin mit Pfarrhof

Der Reitverein Zöschingen verfügt über eine große Reitanlage. Im Wappen der Gemeinde findet man bis heute die Dillinger Löwen, da Zöschingen lange zum Herrschaftsbereich der Grafen von Dillingen gehörte. Auch der Deutsch-Ritterorden, der seit dem späten Mittelalter Grundherr in Zöschingen war, ist hier mit dem schwarzen Kreuz vertreten.

Einen Schulmeister gab es in Zöschingen schon seit 1575.   www.zoeschingen.de

Zu der **Verwaltungsgemeinschaft Wittislingen** gehören die Gemeinden Mödingen, Ziertheim und der Markt Wittislingen. Sie liegen auf der Schwäbischen Alb und im Egautal.

Das gelbe Rathaus von Wittislingen liegt in der Ortsmitte gegenüber der Mariensäule

Markt Wittislingen

Wittislingen ist seit der Steinzeit bis heute lückenlos besiedelt. Ältestes Fundstück ist ein Faustkeil aus der Steinzeit. 1881 wurde in einem Steinbruch ein **Fund mit großer wissenschaftlicher Bedeutung** entdeckt. Im Grab einer adeligen Frau waren außergewöhnliche Beigaben. Sie werden heute deshalb in einem Münchner Museum aufbewahrt. Darunter befindet sich auch eine kostbare vergoldete Fibel, das ist eine Art Sicherheitsnadel, mit der man einen Umhang schließen kann. Sie ist im Wappen des Marktes abgebildet. Weitere wertvolle Grabbeigaben aus dem 6. und 7. Jahrhundert belegen die damaligen Handelsbeziehungen mit Italien und dem Mittelmeer-Raum. Erstmals erwähnt wurde Wittislingen in der Lebensbeschreibung des hl. Ulrichs, der 890 wohl in Wittislingen geboren wurde. Die Eltern waren Mitglieder des alemannischen Adels. Das Grab der Mutter liegt im Mittelgang der Wittislinger Pfarrkirche St. Ulrich und St. Martin (Bild rechts).

Heute läutet nachts um 21 Uhr und 2 Uhr das sogenannte Ulrichsglöckchen des Kirchturms. Dies erinnert an eine alte Legende: Eines Nachts verirrte sich Ulrich im Nebel und fand nur durch den Klang der Glocke wieder den Weg nach Wittislingen.

Berühmt wurde Bischof Ulrich durch die Schlacht auf dem Lechfeld 955. Er trug entscheidend zum Sieg gegen die Ungarn bei. 1000 Jahre später, anlässlich des Ulrich-Gedenkjahres 1955, wurde Wittislingen zum Markt erhoben.

Ab 1591 produzierte eine Öl- und Papiermühle im Ortsteil Zöschlingsweiler damals geschätztes Papier (Büttenpapier). 1859 wurde die Papiermühle in eine mechanische Weberei umgewandelt, in der bis Ende 1993 viele Menschen Arbeit fanden. Zur Gemeinde gehört seit 1972 noch der Ortsteil Schabringen mit der Katholischen Pfarrkirche St. Ägidius (erbaut 1777). Heute leben in Wittislingen und den Ortsteilen etwa 2350 Einwohner. Die heutige Bedeutung von Wittislingen liegt im Sitz der Verwaltungsgemeinschaft und in der Grund- und Mittelschule. Der Wohnort bietet eine gute Grundversorgung (Kindergarten, Ärzte, Apotheke, Metzgerei, Bäckerei, Geschäfte des täglichen Verbrauchs, Handel und Handwerk).
http://wittislingen.de

Ziertheim mit der Kirche St. Veronika

Gemeinde Ziertheim

Die Gemeinde Ziertheim mit ihren drei Ortsteilen Ziertheim, Dattenhausen und Reistingen liegt an der Schwäbischen Alb und im Egautal. Sie hat knapp 1000 Einwohner.
Im Südwesten der Gemeinde liegt das zweitgrößte Naturschutzgebiet des Landkreises: das Niedermoorgebiet **„Dattenhauser Ried"**.
Ziertheim besaß früher einen eigenen Bahnhof, der an der Härtsfeldbahn lag. Heute kann man auf der alten Bahnstrecke auf dem Härtsfeldradwanderweg bis nach Dillingen oder Neresheim radeln. Sehenswert ist in Ziertheim die alte Katholische Pfarrkirche St. Veronika. Mindestens

seit 1618 gab es in Ziertheim eine Schule, in Dattenhausen sogar schon 1579. Heute gehen die Kinder der ganzen Gemeinde in die Grund- und Mittelschule Wittislingen.
Dattenhausen hat eine besondere Geschichte, es war nämlich einmal für kurze Zeit eine Stadt: Wahrscheinlich 1330 konnte Hermann von Hürnheim, damals Herr des Dorfes, eine Stadtgründung beim Kaiser durchsetzen. Kurz darauf wurde eine Stadtmauer um Dattenhausen gebaut. Heute sind die Dattenhauser auf ihren alten Zehntstadel (im Bild mit der Kirche St. Martin) stolz, der vor einigen Jahren renoviert wurde und jetzt als Musikmehrzwecksaal und Schützenheim dient.
In das Wappen der Gemeinde wurde die Geschichte aller drei Gemeindeteile einbezogen. Die drei goldenen Sterne stammen aus dem Wappen von Michael Dobler, einem Abt von Kloster Neresheim. Nach der Säkularisation 1803 zog er sich in sein Schloss in Ziertheim zurück und nannte sich „Herr von Ziertheim". Die gekreuzten Schlüssel kommen aus dem Wappen des Chorherrenstifts von Berchtesgaden, das über 300 Jahre mit Dattenhausen eng verbunden war. Die beiden Farben Rot und Silber stehen für das Hochstift Augsburg, das in

Reistingen Grundbesitz hatte. Dort stand auch ein Frauenkloster, das 1450 aufgelöst wurde. In besonderer Weise erinnert der romanische Chor der Pfarrkirche St. Vitus daran.
http://gemeinde-ziertheim.de

In Dattenhausen wurde 1807 **Johann Evangelist Wagner** geboren. Er ist der Gründer der Regens-Wagner-Stiftungen.
Ihm zu Ehren wurde neben der Kirche ein Denkmal errichtet. Seit 2001 läuft das Seligsprechungsverfahren.

Mödingen und Bergheim (hinten) liegen an den Ausläufern der Schwäbischen Alb.

Gemeinde Mödingen

Die 1300 Einwohner Mödingens wohnen in zwei Ortsteilen: Mödingen und Bergheim. Beide wurden wohl im 6./7. Jahrhundert von den Alemannen gegründet. Das wissen wir von einem Reihengrab aus dieser Zeit, das südlich von Mödingen beim Steinbruch gefunden wurde.

Früher gehörten beide Orte zum **Dominikanerinnenkloster Maria Medingen**. Graf Hartmann IV. von Dillingen hatte es 1246 neu begründet und besser ausgestattet. Die Mödinger waren also Untertanen des Klosters. Im Gegensatz zu vielen anderen Gemeinden gab es deshalb keine wechselnden Grundherren. Bis 1803 blieb das Kloster Grundbesitzer des Dorfes. Im Rahmen der Säkularisierung wurde das Kloster aufgehoben, ebenso die klösterliche Hofmark. Die Dominikanerinnen durften jedoch bis zu ihrem Tod im Kloster wohnen bleiben. 1843 wurde es an die Dillinger Franziskanerinnen verkauft. Bis heute leben noch Schwestern hier. Lange betrieben sie eine Mädchenrealschule in Maria Medingen. In den alten Schulräumen haben sie heute einen Montessori-Kindergarten eingerichtet. Jedes Jahr veranstaltet der Förderverein des Kindergartens einen schönen Adventsmarkt im Kloster. 1838 gab es in Mödingen einen Großbrand, der innerhalb von zwei Stunden sämtliche Gebäude von 40 Höfen in Schutt und Asche legte. Danach wurden Straßenpläne und Grundstücke neu eingeteilt.

Das ehemalige Torfstechgebiet im Bergheimer Ried ist heute Teil des Landschaftsschutzgebietes „Wittislinger Moor".

Die Geschichte der Ortsteile findet man bis heute im Wappen der Gemeinde: Aus dem Ordenswappen der Dominikanerinnen stammt der goldene Stern. Der Löwe kommt aus dem Wappen der Grafen von Dillingen, die vor der Klostergründung reichen Grundbesitz in Mödingen hatten. Die Adlerkralle findet man auch im Familienwappen der seligen Margareta Ebner, die Mödingen bekannt gemacht hat. http://moedingen.de

Kloster Maria Medingen

Margaretas Grab bei der Klosterkirche

Die bekannteste Nonne des Klosters war **Margareta Ebner**. Margareta lebte um das Jahr 1300 in Maria Medingen. Sie hatte viele Träume, in denen sie sich von Jesus selbst angesprochen fühlte. Bis heute ist ihr Briefwechsel mit Jesus erhalten. Er ist übrigens die älteste erhaltene Briefsammlung in deutscher Sprache! Margareta wurde nach ihrem Tod selig gesprochen. Sie ist in der Ebner-Kapelle südlich der Klosterkirche beerdigt. Zu ihrem Grab finden immer wieder eigene Wallfahrten statt.

Stadt Lauingen (Donau)

Lauingen hat zusammen mit seinen Stadtteilen Faimingen, Frauenriedhausen und Veitriedhausen knapp 11 000 Einwohner.

Die Stadt liegt an der Donau, die beim Ortsteil Faimingen zu einem **See** aufgestaut wird. Er ist ein Paradies für Wasservögel und Teil eines Landschaftsschutzgebietes. Im Stadtgebiet mündet die Brenz in die Donau.

Lauingen ist ein wichtiges Zentrum: Hier gibt es viele Geschäfte, alle Arten von Schulen, ein Hallenbad und eine Stadtbücherei. Bekannt ist die Stadt auch für ihre Moschee, die als erste in Bayern mit einem Minarett (Turm) gebaut wurde.

Schon seit der Steinzeit lebten Menschen in Lauingen. Das weiß man, weil hier z.B. Werkzeuge aus Stein gefunden wurden (Seite 12). Nördlich der Stadt gab es einen römischen Gutshof (villa rustica) und in **Faimingen** sogar ein Kastell. Hier war für die **Römer** auch das religiöse Zentrum der Region. Sie errichteten zu Ehren des Gottes Apollo eine große **Tempelanlage**. Diese befand sich direkt an der Römerstraße Via Danubia. Heute kann man die Reste mitten im Ort besichtigen (Seite 16). Man vermutet, dass Lauingen von den Alemannen gegründet wurde, weil in der Nähe der Stadtpfarrkirche St. Martin Reihengräber gefunden wurden.

Die Staufer, eine berühmte schwäbische Adelsfamilie, erhoben den Ort um 1180 zur **Stadt**. Sie ließen Lauingen mit einer Stadtmauer sichern. Das älteste erhaltene Stadtsiegel aus staufischer Zeit zeigt das Bild eines Herrschers mit Krone. Vermutlich stellt es Kaiser Konrad IV. dar. Seit 1451 ist auf dem Wappen nicht mehr der Kopf des Kaisers zu sehen, sondern ein Mohrenkopf mit Ohrring und Perlenkette. Die ursprüngliche Bedeutung des Wappens hatte man da wohl schon vergessen. Nach dem Tod der Staufer gehörte Lauingen den Wittelsbachern, einer bekannten bayerischen Adelsfamilie. 1505 ging es schließlich an das Herzogtum Pfalz-Neuburg. Handel und Handwerk brachten die Stadt in dieser Zeit zu großem Wohlstand. Es entstanden viele bedeutende Bauwerke: z.B. der **Schimmelturm** (Bild links), die Stadtpfarrkirche St. Martin oder

das **Schloss** (Bild rechts), in dem sich heute das Elisabethenstift, eine Einrichtung für Menschen mit Behinderung, befindet. Der Schimmelturm ist ein Wahrzeichen der Stadt und ein früherer Wachturm. Er verdankt seinen Namen einer der alten Sagen, die den Turm schmücken (lies nach auf Seite 78). Als 2. Regierungssitz des Herzog-

So sah Lauingen um 1617 aus. Mitten durch den Ort geht die alte Römerstraße. Die Stadtmauer hatte sechs Tore. Oben links kannst du St. Martin und das Schloss erkennen. Findest du auch den Schimmelturm?

Hinter der Donaubrücke kannst du links die Spitalkirche und rechts den Schimmelturm erkennen.

tums Pfalz-Neuburg spielte Lauingen eine wichtige Rolle in der Zeit der Reformation und des Dreißigjährigen Krieges. Danach erhielt die Stadt ihr heutiges Gesicht mit wunderschönen Giebeln an der Hauptstraße und malerischen Gassen.

Das prächtige **Rathaus** wurde 1791 vollendet. Es beherrscht noch heute den Marktplatz (Bild). Dort hat die Stadt ihrem berühmtesten Sohn ein Denkmal gesetzt: **Albertus Magnus** (mehr über ihn kannst du im gelben Kasten lesen).

In Lauingen steht die größte Berufsschule des Landkreises. Sie wird von rund 2 200 Schülern besucht. Die Nähe zur Berufsschule beeinflusste den Standort des Bildungszentrums der Bayerischen Verwaltungsschule.

Früher gab es in der Stadt zwei kleine Klöster. In einem der ehemaligen Klostergebäude befindet sich heute das **Heimathaus**, ein Museum. Es zählt zu den ältesten städtischen Sammlungen in Deutschland (Seite 80).

Gegen Ende des Zweiten Weltkrieges waren in Lauingen Außenstellen des Konzentrationslagers Dachau. Mehr als 2 500 Häftlinge mussten für die Flugzeugproduktion arbeiten und lebten unter unmenschlichen Bedingungen.

Jeden 1. Sonntag im November findet der Leonhardiritt statt. An ihm beteiligen sich mehr als 200 Pferde! Am Gumpigen Donnerstag tanzen die Hexen durch die Stadt. Auf dem Marktplatz findet dann ein **Faschingsspiel** statt, bei dem der Frühling die Winterhexen vertreibt. Jedes Jahr gibt es ein Fischerstechen.

Albertus Magnus

Der heilige Albertus Magnus wurde um 1200 in Lauingen geboren und hat seine Jugend hier verbracht. Deswegen nennt Lauingen sich auch Albertus-Magnus-Stadt. Er war Professor in Paris, Bischof von Regensburg und einer der größten Gelehrten seiner Zeit. Um Wissen zu sammeln und verständlicher zu machen, hat Albertus viele Bücher geschrieben. Seine Texte umfassen 22 000 Seiten. Wenn ihr 275 dieser Landkreisbücher übereinanderlegt, ist das etwa genau so viel! Besonders bekannt ist Albertus für seine Beschreibung der Tier- und Pflanzenwelt sowie für seine Gesteinskunde. In der Brüderstraße kannst du dir die Albertus-Magnus-Sammlung ansehen. Sie zeigt alle Mineralien, die der große Gelehrte kannte und beschrieben hat. Außerdem kannst du dem Albertusweg folgen. Er beginnt beim Denkmal auf dem Marktplatz und führt durch die Altstadt. An elf Punkten des Weges informieren Schilder über das Leben und die Wissenschaften des Albertus Magnus. Er ist auch auf dem Schimmelturm dargestellt.

Wie funktioniert eine Gemeinde?

In Gemeinden, Märkten und Städten leben viele Menschen zusammen. Sie benötigen Trinkwasser, Straßen, Baugebiete, Schulen, Kindergärten oder Feuerwehren. Aber wer soll sich um all dies kümmern? Es muss ja ständig über viele Entscheidungen beraten und abgestimmt werden. Wenn sich dazu jedes Mal alle Bürger treffen müssten, wäre dies im täglichen Leben nicht durchführbar.

Deshalb wählen alle Gemeindebürger aus ihren Reihen einen „Chef", den **Bürgermeister**. Er darf aber nicht allein bestimmen. Denn die Bürger wählen gleichzeitig mit dem Bürgermeister einen **Gemeinderat**. Wenn gewählte Volksvertreter wie der Bürgermeister und die Gemeinderäte für die anderen Bürger bestimmen dürfen, nennt man das **„repräsentative Demokratie"**.

Das Rathaus der Stadt Höchstädt ist gleichzeitig Sitz der Verwaltungsgemeinschaft.

Der Gemeinderat

Der Gemeinderat wird von den Bürgern gewählt. Er besteht aus Frauen und Männern, die zusammen mit dem Bürgermeister beschließen, was in der Gemeinde zu tun ist. Sie sollen dafür sorgen, dass sich in einer Gemeinde möglichst alle wohlfühlen können. Dazu treffen sie sich regelmäßig in Gemeinderatssitzungen, teilweise auch in Ausschusssitzungen.

> Merke dir: Bürgermeister und Gemeinderat werden von den Bürgern alle sechs Jahre neu gewählt. Die Gemeindeverwaltung dagegen ist angestellt und bleibt im Amt.

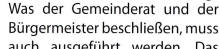

Gemeinderat, Bürgermeister und Gemeindeverwaltung arbeiten eng zusammen.

Der Bürgermeister

Der Bürgermeister wird von den Bürgern gewählt. Er ist der Vertreter der ganzen Gemeinde, der Vorsitzende des Gemeinderates und Chef des Rathauses.

Die Gemeindeverwaltung

Was der Gemeinderat und der Bürgermeister beschließen, muss auch ausgeführt werden. Das macht die Gemeindeverwaltung. Sie besteht aus Beamten und weiteren Angestellten im Rathaus.

1) Wie heißt der Bürgermeister in deiner Gemeinde?
2) Wie viele Gemeinderäte hat deine Gemeinde?
3) Wer hat bei der Bürgermeisterwahl das aktive Wahlrecht, wer das passive Wahlrecht?

Wahlen

Wann wird gewählt?

Die Bürger wählen alle sechs Jahre für ihre Gemeinde und den Landkreis ihre Vertreter. In der Gemeinde heißt dieser Chef „Bürgermeister". Der „Landrat" ist der Chef des Landkreises. Zusätzlich gibt es in jeder Gemeinde einen von den Bürgern gewählten Gemeinderat. Wie viele Mitglieder er hat, richtet sich nach der Größe der Gemeinde.
In jedem Landkreis gibt es einen Kreistag. Er wird von den Bürgern des Landkreises gewählt. Die Anzahl seiner Mitglieder ist von der Einwohnerzahl abhängig, in unserem Landkreis sind es 60.

Wer darf wählen?

Grundsätzlich darf jeder Bürger ab 18 Jahren wählen. Aber nur dort, wo er wohnt. So darf ein Wertinger Bürger nur den Gemeinderat und den Bürgermeister von Wertingen wählen, nicht den von Lauingen. Alle Bürger im Landkreis Dillingen dürfen den Landrat und den Kreistag wählen. Gewählt sind die Kandidaten, welche die meisten Stimmen bekommen haben. Das Recht, zum Wählen gehen zu dürfen, nennt man auch aktives Wahlrecht (man tut es = man ist aktiv).

Wer wird gewählt?

Um als Landrat, als Bürgermeister, als Kreisrat oder als Gemeinderat gewählt zu werden, muss man sich bewerben. Dies nennt man „kandidieren". Die Bewerber heißen „Kandidaten". Parteien stellen Listen mit diesen Kandidaten auf, unter denen die Wähler dann auswählen können. Sie müssen seit drei Monaten im Wahlkreis leben.
Übrigens: Um als Bürgermeister oder Landrat kandidieren zu können, muss man mindestens 21 Jahre, aber nicht mehr als 65 Jahre alt sein. Für Gemeinderäte gilt: Sie müssen mindestens 18 Jahre alt sein.
Das Recht, gewählt zu werden, nennt man auch passives Wahlrecht (man wird gewählt = passiv).

Wie oft wird gewählt?

Für das Wort „Gemeinde" gibt es das Fremdwort „Kommune". Die Gemeinde- und Landkreiswahlen nennt man daher „Kommunalwahlen". Alle sechs Jahre werden diese Wahlen durchgeführt. Wenn die Bürger mit ihren Kreisräten, Gemeinderäten und dem Landrat sowie dem Bürgermeister zufrieden waren, wählen sie diese erneut. Wenn nicht, wählen die Bürger andere Vertreter.

Aufgaben einer Gemeinde

Die **Gemeindeverwaltung** kümmert sich darum, dass alle Aufgaben der Gemeinde ausgeführt werden. So gibt es im Rathaus beispielsweise ein Hauptamt, ein Bauamt, eine Gemeindekasse, ein Standesamt und ein Einwohnermeldeamt. Die Gemeinde sorgt auch für das Trinkwasser, das Abwasser, die Gemeindestraßen, die Straßenbeleuchtung, die Straßenreinigung und die Friedhöfe. Der gemeindliche Bauhof ist unter anderem verantwortlich für die Verkehrssicherheit sowie die Pflege und Sauberkeit der Gemeinde. Du siehst oft die orangen Fahrzeuge, im Winter mit dem Schneepflug, im Sommer mit den Rasenmähern.
Jede Gemeinde, die eine eigene Grundschule hat, ist für das Schulgebäude, die Einrichtung, die Ausstattung mit Lernmitteln und für die Schulbusse zuständig. Nur die Lehrer werden vom Land Bayern angestellt.
Das **Bürgerbüro** ist die Anlaufstelle für alle Bürger, die Informationen oder Formulare brauchen. Dort können sie auch Termine für ein Gespräch mit dem Bürgermeister vereinbaren.

Sauberes Wasser

Zu den wichtigsten Aufgaben einer Stadt oder Gemeinde gehören die Versorgung ihrer Bürger mit sauberem Trinkwasser und die Entsorgung des Abwassers. Die Menschen brauchen Wasser nicht nur zum Trinken, sondern auch zum Kochen und Spülen, zum Duschen, Baden und Zähneputzen oder zum Waschen der Wäsche. Und auch die Betriebe in der Industrie, im Handwerk und in der Landwirtschaft benötigen eine Menge Wasser. Unser Trinkwasser wird aus **Grundwasser** gewonnen, seine Qualität wird ständig überwacht. Dafür sorgen die Wasserwerke der Wasserversorger im Landkreis Dillingen. Oft haben sich mehrere Gemeinden zu Zweckverbänden zusammengeschlossen. Manchmal reicht ein solcher **Zweckverband** auch über die Grenzen unseres Landkreises hinaus. Wer deine Gemeinde mit Wasser beliefert, kannst du im gelben Kasten nachlesen.

Die DSDL

Die Donau-Stadtwerke Dillingen-Lauingen, abgekürzt DSDL, sind ein Zweckverband zur Grundversorgung mit Wasser, Strom und Wärme sowie zur Entsorgung von Abwasser. Sie entstanden im Jahr 2001 durch den Zusammenschluss der über 100 Jahre alten Stadtwerke von Dillingen und von Lauingen. Aus eigenen Brunnen versorgen sie nun die beiden Städte und alle Stadtteile außer Steinheim mit Trinkwasser. Die Zentrale der Donau-Stadtwerke Dillingen-Lauingen in der Kreisstadt Dillingen ist leicht zu finden, denn der große **Wasserturm** weist den Weg dorthin.

Wer versorgt uns mit Wasser?

Die Gemeinden **Syrgenstein**, **Bachhagel** und **Zöschingen** beziehen ihr Wasser von den Stadtwasserwerken Giengen, die Stadt **Gundelfingen** und ihre Umgebung sowie die Gemeinden **Haunsheim**, **Wittislingen** und **Ziertheim** vom Zweckverband der Landeswasserversorgung Stuttgart. Die Gemeinden **Bächingen** und **Medlingen** sind in einem Zweckverband mit Sontheim zusammengeschlossen. Die Gemeinden **Aislingen**, **Glött** und **Holzheim** beziehen ihr Wasser vom Zweckverband Glöttgruppe. Die Städte **Dillingen**, **Lauingen** und **Höchstädt** sowie die Gemeinden **Bissingen**, **Buttenwiesen** und **Villenbach** haben selbst Brunnenbohrungen durchgeführt und damit eine eigene Wasserversorgung. Die Brunnen des Zweckverbandes Kugelberggruppe beliefern unter anderem die Stadt **Wertingen** und die Gemeinden **Binswangen**, **Laugna** und **Zusamaltheim**. Ein wichtiger Wasserlieferant für den Landkreis ist auch der Zweckverband der Bayerischen Rieswassergruppe, der für die Gemeinden **Schwenningen**, **Blindheim**, **Lutzingen**, **Finningen** und **Mödingen** sowie für den Dillinger Stadtteil **Steinheim** die gesamte Wasserversorgung sicherstellt. Einen Teil des benötigten Wassers liefert die Rieswassergruppe außerdem für **Höchstädt** und **Bissingen**.

Im Hochbehälter der bayerischen Rieswasserversorgung sieht es aus wie in einem großen Schwimmbecken. Die Anlage befindet sich auf dem Sallmannsberg in Berghausen, Gemeinde Blindheim.

Pumpenhalle auf dem Sallmannsberg

Die bayerische Rieswasserversorgung

Der Zweckverband Bayerische Riesgruppe zur Wasserversorgung (abgekürzt BRW) wurde 1958 gegründet und hat seinen Sitz in Nördlingen. Er versorgt heute 122 Ortsnetze vom nördlichen Ries bis zur Donau mit frischem Trinkwasser. Die BRW betreibt drei Wassergewinnungsanlagen, die alle im Landkreis Dillingen in der Nähe der Donau liegen: bei Steinheim, Blindheim und Schwenningen. Das Rohrnetz der BRW hat eine Länge von 1278 Kilometern.

Mineralwasser aus dem Landkreis

Nicht nur Trinkwasser, sondern auch Mineralwasser kommt aus dem Landkreis Dillingen. Die folgenden zwei Unternehmen gehören zu den bekannten Mineralwasser-Abfüllbetrieben in Süddeutschland:

Die Auerquelle
Die Firma Auerquelle in Bissingen ist nach dem ehemaligen Donauwörther Unternehmer Ludwig Auer benannt. Im Jahr 1906 wurde die Quelle entdeckt.

Das Aloisiuswasser
Das Unternehmen Bucher in Gundelfingen war ursprünglich eine Brauerei. Mit dem Aloisiuswasser, das 1979 entdeckt und nach dem Vornamen des damaligen Betriebsinhabers benannt ist, hat die Firma ihr Angebot wesentlich erweitert.

In beiden Unternehmen wird das Mineralwasser in einer modernen Anlage abgefüllt. Das Wasser stammt jeweils noch aus der Eiszeit und ist mehr als 10000 Jahre alt. Pro Jahr verlassen jeweils rund 65 Millionen Flaschen die Betriebe. Diese Menge würde ausreichen, um jeden Bewohner im Landkreis mit fast vier Flaschen am Tag zu versorgen.

Schreibe einen Tag lang auf, wofür du Wasser verbrauchst! War es wirklich immer nötig? Überlegt gemeinsam, wie sich Wasser sparen lässt!

Menschen helfen Menschen

Wenn Menschen in Not sind, muss ihnen so schnell wie möglich geholfen werden. Dafür gibt es die **Feuerwehr**, die **Polizei**, den **medizinischen Rettungsdienst** und den **Gefahrenschutz**. Früher haben Brände oft ganze Städte in Schutt und Asche gelegt. Im Mittelalter mussten alle Bürger bei der Feuerbekämpfung mithelfen. Es gab noch keine Löschfahrzeuge, deshalb wurde das Wasser von „Tragern" herbeigeschafft. Heute gibt es auf alle Gemeinden verteilt 94 Freiwillige Feuerwehren im Landkreis. Einige haben auch Jugendgruppen, bei denen du mitmachen kannst, wenn du mindestens 12 Jahre alt bist. Bei den Freiwilligen Feuerwehren in unserem Landkreis arbeiten mehr als 3800 aktive Mitglieder „ehrenamtlich", also ohne Bezahlung. Sie sind Feuerwehrleute, weil sie Menschen helfen wollen und Spaß an der Gemeinschaft und den Aufgaben haben. Ihren Einsatz für unsere Sicherheit kann man nicht hoch genug schätzen. Um bei den Einsätzen richtig handeln zu können, müssen sich die Feuerwehrleute immer wieder fortbilden. Mit Funk oder Sirene werden sie zu einem Notfalleinsatz gerufen. Außerdem gibt es im Landkreis drei Werksfeuerwehren. Sie sind speziell für die Gefahren ihrer Betriebe ausgerüstet.

Die Jugendgruppen der Freiwilligen Feuerwehren lernen nicht nur den Umgang mit den Geräten, sondern nehmen auch an Zeltlagern, Ausflügen und Wettbewerben teil.

Notrufnummer
112 für Polizei, Feuerwehr und Rettungsdienst. Der Anruf ist kostenlos (auch von Handys und aus Telefonzellen)!

Das will die Notrufzentrale vom Anrufer wissen:
Beachte die fünf Ws:
1. **W**o geschah es?
2. **W**as geschah?
3. **W**ie viele Personen sind betroffen?
4. **W**elche Erkrankung/Verletzung liegt vor?
5. **W**arten auf Rückfragen!

Stell dir vor, bei dir zu Hause brennt es und du musst die Notrufzentrale anrufen. Was würdest du sagen? Beachte dabei die fünf Ws! Spielt zu zweit den Anruf nach.

Die Aufgaben der Feuerwehr

Die Feuerwehren helfen nicht nur, wenn es brennt. Sie kommen auch, wenn Öl ausgelaufen ist, sich ein Bienenschwarm an einem Wohnhaus niedergelassen hat oder um bei Hochwassergefahr zu helfen. Mit speziellen Rettungsscheren befreien sie Menschen aus Unfallautos.

Wie verhält man sich, wenn es brennt?
1. Sofort den Brandort verlassen. Fenster und Türen schließen, nichts mitnehmen.
2. Bei starkem Rauch auf dem Boden vorwärts kriechen.
3. Hilfe holen. Feuerwehr alarmieren.
4. Anweisungen der Feuerwehr befolgen.

Der Schutzpatron vor Feuer ist der heilige Florian. Er war ein römischer Soldat und wird oft mit einem Löscheimer dargestellt (wie hier auf einem Wandbild in Syrgenstein).

Oh heiliger Sankt Florian,
verschon mein Haus,
zünd' andre an.

Es brennt, o heiliger Florian,
heut aller Orts und Enden:
Du aber bist der rechte Mann,
solch Unglück abzuwenden!

Krankenhäuser

Im Landkreis gibt es zwei Krankenhäuser: die Kreisklinik St. Elisabeth in Dillingen und die Kreisklinik Wertingen (www.khdw.de). Sie werden vom Landkreis Dillingen betrieben.

Kreisklinik St. Elisabeth in Dillingen

Beide Krankenhäuser ergänzen sich in ihren Spezialabteilungen. Sie decken die medizinische Grundversorgung der Bewohner des Landkreises Dillingen und der Umgebung ab. Die Ärzte und das Pflegepersonal sorgen vor Ort für die Versorgung der Bürger. Die Mitarbeiter sind bestens ausgebildet und nehmen regelmäßig an Schulungen teil. Sie tragen zu einem hochwertigen Qualitätsstandard in Medizin und Pflege bei.

Kreisklinik Wertingen

Beide Krankenhäuser arbeiten eng mit den Ärzten im Landkreis und mit anderen Einrichtungen im Gesundheitsbereich zusammen.

Mit ihren qualifizierten und sicheren Arbeitsplätzen sind beide Krankenhäuser ein bedeutender Arbeitgeber.

In beiden Kliniken gibt es auch eine Berufsfachschule für Krankenpflege. Hier werden junge Menschen in der Gesundheits- und Krankenpflege ausgebildet.

Die Polizei – dein Freund und Helfer

– schützt den Bürger rund um die Uhr,
– hilft ihm bei der Sicherung seines Eigentums,
– bekämpft die Kriminalität,
– klärt Straftaten auf,
– sichert Beweise und Spuren,
– hilft bei Verkehrsunfällen,
– sorgt für flüssigen Straßenverkehr,
– achtet auf den Umweltschutz und
– führt an Schulen Verkehrserziehung durch.

Die Polizei wird aus ganz unterschiedlichen Gründen gerufen – z. B. wenn ein Unfall passiert ist oder jemand bestohlen wurde. Aber am liebsten ist es der Polizei, wenn sie Unfälle verhindern kann. Deshalb bildet sie alle Viertklässler zu geprüften Radfahrern aus.

Es gibt eine Schutzpolizei, die man an der grünen Uniform erkennt. Die Kriminalpolizei trägt dagegen normale Kleidung. Die Einsätze werden vom Polizeipräsidium Schwaben Nord in Augsburg organisiert. Die Polizeiinspektion im Landkreis befindet sich in Dillingen (Bild). Ihr angegliedert ist die Polizeistation in Wertingen, die sich vor allem um den südöstlichen Landkreis kümmert.

Wohin mit dem Müll?

Achte mal darauf, wie schnell sich die Mülltonnen bei dir zu Hause füllen. Und davon gibt es Tausende im Landkreis. Der Müllberg, der dadurch jeden Tag entsteht, ist riesig: Wenn man den ganzen Müll einfach nur auf einen Haufen werfen würde, entstünden im Laufe der Zeit Giftstoffe, die dann ins Grundwasser wandern. Außerdem stecken in dem Müll wertvolle **Rohstoffe** wie Plastik, Papier, Metalle und Bioabfälle. Diese würden auf dem großen Haufen verloren gehen, werden aber dringend gebraucht, weil Rohstoffe nicht unendlich auf der Welt vorhanden sind. Eines Tages könnte man sonst z. B. keinen Kunststoff mehr herstellen. Deshalb trennen wir den Müll.

Müllautos des **Abfallwirtschaftsverbands Nordschwaben (AWV)** sammeln regelmäßig den Müll in der schwarzen, braunen und blauen Tonne ein, ebenso den „gelben Sack". Für Glas und Dosen gibt es eigene Sammelcontainer. Besonderen Müll wie Sperrmüll, alte Elektrogeräte oder Kleidung muss man zu den Recyclinghöfen bringen. Der AWV ist für die Landkreise Donau-Ries und Dillingen zuständig. Er bringt den Müll von den Haushalten oder den Wertstoffsammelstellen zur Abfallverwertungsanlage (AVA) nach Augsburg oder zu Verwertungsfirmen.

Ein Kran lädt den Müll aus der schwarzen Tonne in den Ofen.

 Die Abfälle aus den **schwarzen Restmülltonnen** und der Sperrmüll werden in den Öfen der AVA verbrannt. Dabei entsteht nicht nur „Schlacke", so nennt man die Asche nach der Verbrennung, sondern auch Strom und Fernwärme. Die beim Verbrennen entstehenden Rauchgase werden in modernen Filtern gereinigt.

 Ungekochte Küchenabfälle und Gartenabfälle kann man kompostieren. Wenn man keinen eigenen **Kompost** im Garten hat, gehören sie in die **braune Tonne**. In der Bioabfallvergärungsanlage werden die Abfälle unter Luftausschluss zersetzt und daraus Biogas und Kompost gewonnen.

Zu den Recyclinghöfen (hier zwischen Lauingen und Gundelfingen) kannst du z. B. kleine Elektrogeräte bringen.

Der Biomüll aus der braunen Tonne wird vor der Vergärung zuerst gehäckselt.

Sammelstellen für Wertstoffe, Sperrmüll und Grünabfälle

Welche Sammelstelle liegt in der Nähe deines Wohnortes?

Unter www.awv-nordschwaben.de kannst du sehen, wo die nächste Sammelstelle ist. Die Öffnungszeiten sind auch angegeben.

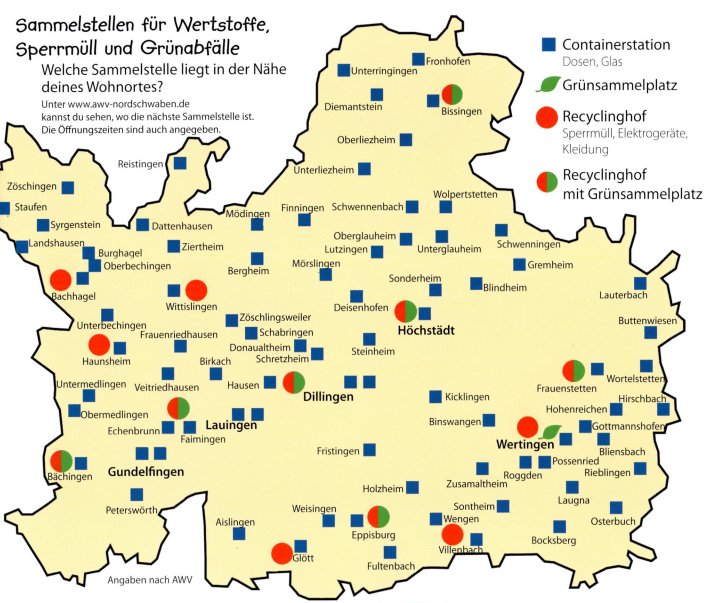

- ■ **Containerstation** — Dosen, Glas
- 🍃 **Grünsammelplatz**
- ● **Recyclinghof** — Sperrmüll, Elektrogeräte, Kleidung
- ◐ **Recyclinghof mit Grünsammelplatz**

Angaben nach AWV

In den **gelben Sack** kommen alle Verkaufsverpackungen, also z. B. Tüten von Süßigkeiten oder Joghurtbecher. Sie werden in einer Sortieranlage nachsortiert. Die verschiedenen Materialien werden in Ballen gepresst und zu Recycling-Unternehmen gefahren. Dann können neue Produkte daraus entstehen.

Altpapier wird in **blauen Tonnen** gesammelt. Viele Bürger bringen es auch zu den Wertstoffsammelstellen. In der Abfallverwertungsanlage werden daraus große Ballen gepresst. In Papierfabriken wird damit neues Papier gemacht.

Der Müll aus den gelben Säcken wird hier abgeladen.

Das Altpapier wird zu Ballen gepresst.

Energieversorgung

Ohne Energie können wir uns das tägliche Leben nicht vorstellen. In allen Lebensbereichen brauchen wir Energie: in unseren Wohnungen, in der Schule, im Verkehr, in der Landwirtschaft, in den Handwerksbetrieben und in der Industrie. Mit Energie treiben wir Maschinen und Autos an, wir heizen damit und können alle elektrischen Geräte betreiben. Deshalb ist eine sichere Energieversorgung auch für die Zukunft lebensnotwendig. Stell dir vor, es gäbe plötzlich keinen Strom und keine Heizung mehr zu Hause oder in deiner Gemeinde. Wie würde ein solcher Tag für dich aussehen?

Viele Energiequellen stammen aus unserer Erde, wie Erdöl (daraus wird Benzin, Diesel und Heizöl gemacht), Erdgas, Kohle und Uran. Doch mit diesen Rohstoffen gibt es Probleme: Die Abgase aus Autos und Heizungen verpesten die Luft und verändern das Klima, und Atomkraft ist vielen Menschen zu gefährlich. Doch wir haben noch ein größeres Problem: Diese Rohstoffe werden bald verbraucht sein, auch das Uran, das man als Energiequelle im Atomkraftwerk braucht.

Aber es gibt Rohstoffe, die nicht zu Ende gehen, die immer wieder nachwachsen, wie Holz oder die Pflanzen für die Biogasanlagen.

Und schließlich können wir noch die Energie von Sonne, Wind und Wasser nutzen, die immer vorhanden ist und das Klima am wenigsten belastet.

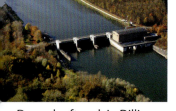

BEW
Donaukraftwerk in Dillingen

Gehrlicher Solar AG

Strom als Energieträger

Weil die Verbrennung von Rohstoffen für unser Klima schädlich ist und weil diese Rohstoffe bald zu Ende gehen, wird Strom aus Quellen, die nachwachsen oder unerschöpflich sind, immer wichtiger. Sogar die Autos werden eines Tages mit Strom fahren müssen, denn Benzin wird es nicht mehr geben.

Doch bis es so weit ist, muss noch viel erfunden werden, z.B. wie man Strom besser über weite Strecken transportieren kann. Und wie man Strom besser speichern kann, z.B. auch für das Auto. Wichtig ist aber auch, dass wir lernen, Strom zu sparen. Allein durch das Abschalten aller Geräte, die gerade nicht gebraucht werden, kannst du bei dir zu Hause 20 % Strom sparen!

Stromerzeugung im Landkreis
Großkraftwerke

Der meiste Strom kommt heute noch aus den Großkraftwerken, z.B. dem Atomkraftwerk in Gundremmingen oder aus Anlagen, in denen Kohle oder Gas verbrannt wird. Der dort erzeugte Strom wird in das große europäische Netz der Hochspannungsleitungen eingespeist und über Stromleitungen an die Haushalte, die vielen Gebäude und Firmen im Landkreis und weit darüber hinaus in Bayern verteilt.

Doch die Atomkraftwerke werden in absehbarer Zeit abgeschaltet – und dann? Deshalb ist es heute schon notwendig, Energie aus anderen Quellen zu gewinnen.

Die Erzeugung von Strom und Wärme aus erneuerbaren Energien ist im Landkreis Dillingen und seinen Gemeinden schon lange ein wichtiges Thema. Die Wasserkraftwerke an der Donau und kleinere Kraftwerke an einigen Flüssen im Landkreis erzeugen schon seit Jahrzehnten Strom.

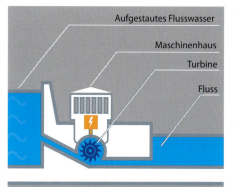

Im Wasserkraftwerk fließt das Wasser mit großer Wucht durch eine Turbine. Das ist ein Wasserrad, das einen Generator im Maschinenhaus antreibt, der dadurch Strom erzeugt. Der Dynamo am Fahrrad ist auch ein Generator, nur viel kleiner.

Der Energiepark Lauingen deckt mit seinen Solaranlagen den jährlichen Stromverbrauch von 22 500 Bürgern.

Kleinere Kraftwerke vor Ort

Um Energie zu bekommen, muss bisher meistens Öl, Gas oder Kohle verbrannt werden. Aber du weißt bestimmt, dass jede Verbrennung die Umwelt mit den Abgasen belastet. Deshalb wollen viele Menschen die Energieversorgung auf die Kräfte umstellen, die es immer geben wird: Sonne, Wind und Wasser. Die Sonne ist eine unerschöpfliche Energiequelle für eine saubere und zukunftssichere Stromerzeugung. Deshalb gibt es in vielen Gemeinden des Landkreises immer mehr Solaranlagen. Diese Anlagen wandeln Sonnenlicht in Strom um. Das nennt man „Photovoltaik" (griech. photos = Licht und voltaik = Stromerzeugung). Statt Getreide wird jetzt mit Hilfe der Photovoltaik „Sonnenstrom" auf den Feldern geerntet (Bild oben). Andere Anlagen nutzen die Strahlungswärme der Sonne und erhitzen damit Wasser. Das warme Wasser wird vom Dach in einen Tank im Keller geleitet und zum Heizen und im Haushalt (Bad, Dusche, Küche) verwendet. Vielleicht habt ihr daheim auch schon so ein kleines „Kraftwerk"?

Energiesparhäuser

Viele neu gebaute Häuser sind so gut gedämmt, dass man kaum heizen muss: Sie funktionieren wie eine Thermoskanne und sparen so Energie. Weil man keine aktive Energie zuführen muss, nennt man solche Häuser auch „Passivhaus" oder „Energiesparhaus". Vielleicht kennst du bereits ein solches Haus in deiner Nachbarschaft?

Genauso wichtig sind die Biogasanlagen, die beispielsweise mit Gras und Mais „gefüttert" werden und neben dem Strom auch noch Wärme erzeugen. Im Buttenwiesener Ortsteil Illemad werden so z. B. 25 Haushalte beheizt.

Biogasanlage und Solardächer bei Finningen

Auch der Rohstoff Holz wird häufig als Wärmequelle genutzt. Das Holz wird zu Hackschnitzeln verarbeitet und liefert auch Stoff für Holzpellets. Beides nennt man Biomasse. Fast alle Gebäude, die der Landkreis verwaltet, werden mit Biomasse aus heimischen Wäldern beheizt. Holz ist ein Rohstoff, der immer wieder nachwächst, und für die heimischen Holzanbauer bedeutet die Herstellung von Biomasse eine neue Einnahmequelle.

Dazu kommt noch die Energiegewinnung aus Wind. In Glött steht das erste Windrad des Landkreises, das Strom erzeugt. Weitere Windkraftanlagen stehen in Zöschingen und Wortelstetten.

Die Zukunft der Versorgung mit erneuerbarer Energie hat bereits begonnen! Und der Landkreis Dillingen nimmt bei der Energiegewinnung aus Sonne, Wasser, Wind und Biomasse eine Vorreiterrolle in Bayern ein.

Windrad bei Glött

1) Ihr findet sicher noch mehr Beispiele aus eurem Lebensraum in der Familie, in der Schule, beim Sport und in der Freizeit zum Energiesparen! Stellt in Gruppen entsprechende Listen auf! Welche Gruppe findet am meisten?

2) Welche Kraftwerke, auch Kleine Kraftwerke, gibt es in eurem Wohnort? Schreibe sie mit deinem Partner auf!

3) Bestimmt besitzt du auch Geräte, die Strom brauchen. Welche sind das? Wie häufig am Tag benutzt du sie? Kannst du dich im Gebrauch auch einschränken? Stelle mit deinem Nachbarn eine entsprechende Tabelle auf!

Bräuche
in unserer Heimat

Bräuche sind **Gewohnheiten**, die innerhalb einer Gemeinschaft gewachsen sind. Sie entstanden aus dem Bedürfnis der Menschen, den Alltag zu unterbrechen und bestimmte Ereignisse zu feiern. Es gibt viele Bräuche zu Festen im **Kirchenjahr** wie der Fastenzeit, Ostern, Pfingsten, Erntedank, Advent, Nikolaus und Weihnachten. Solche religiösen Bräuche entwickelten sich aus dem Verlangen der Gläubigen, Gott zu begegnen und ihm zu danken. Feste zu **Familienereignissen** wie Geburtstag, Einschulung, Hochzeit, Taufe und Beerdigungen werden nach bestimmten Bräuchen gefeiert. Auch im **Jahreslauf** kannst du Bräuche entdecken: Valentinstag, Fasnacht, Muttertag, Silvester oder Festumzüge. Viele Bräuche, die mit dem kirchlichen Jahreslauf verknüpft sind, weisen eine sehr große Verbreitung auf, wie z. B. die Sternsinger. Manche Bräuche findest du dagegen nur in bestimmten Regionen.

Ein neuer Brauch hat sich vor allem im südlichen Landkreis entwickelt: Zur **Hochzeit** wird das Brautpaar aus großen **Strohballen** nachgebaut und so die Hochzeit allen kundgetan.

Rund um **Ostern** gibt es im Landkreis viele Bräuche: Am Palmsonntag ziehen Dillinger Metzger eine Jesusfigur auf einem **Palmesel** durch die Königsstraße. Kinder folgen ihm mit Palmbuschen in den Händen. In vielen Gemeinden wie in Syrgenstein und Landshausen werden **Osterbrunnen** geschmückt. An Ostern selbst werden Speisen zum Weihen mit in den Gottesdienst gebracht, z.B. auch das extra gebackene Osterlamm.

Mit dem **Maibaum** soll endgültig Abschied von der Winterzeit genommen werden. Der Birkenmaibaum wird bei uns mit bunten Bändern geschmückt. Das Aufstellen ist ein Fest für den ganzen Ort, oft wird der Baum auch von Schulklassen geschmückt, wie hier in Lauingen. Es werden jedoch nicht nur große Maibäume aufgestellt. Junge Männer schmücken für ihre Angebetete eine kleine Birke und stellen sie heimlich vor ihrem Haus auf. Der schönste Maibaum wird jedes Jahr in der Donau-Zeitung abgebildet!

Der heilige Leonhard ist der Schutzpatron der Nutztiere, vor allem der Pferde. Zu seinem Gedenktag am 6. November finden an vielen Orten Leonhardiritte statt. Im Landkreis Dillingen gibt es gleich drei **Leonhardiritte**: in Unterliezheim (Bild), in Gundelfingen und in Lauingen.

Fasnacht war ursprünglich nur die Nacht vor der Fastenzeit, in der die Menschen noch einmal richtig ausgelassen sein wollten. Dieser Brauch wurde mit der Zeit auf eine ganze Woche ausgedehnt: vom gumpigen Donnerstag, dem rußigen Freitag (früher hat man anderen das Gesicht mit Ruß schwarz gemacht) bis Aschermittwoch.
Im ganzen Landkreis finden Faschingsbälle statt. Einige Orte haben sogar einen eigenen Umzug. In Eppisburg (Holzheim) gibt es einen besonderen Fasnachtsbrauch: Unter dem Motto „In die Saukischt, fertig los" veranstaltet die Epponia alle zwei Jahre ein närrisches **Schubkarrenrennen**.

In der Stadtpfarrkirche Gundelfingen wird jedes Jahr ein prächtiger Erntedankaltar geschmückt, der viele Besucher anzieht. 20 freiwillige Helfer benötigen fast eine Woche, um ihn aufzubauen. Besonders aufwendig ist dabei das Legen eines Bildes nur aus Körnern.

Walter Hieber

In Lauingen wird Fasnacht schon lange ausgiebig gefeiert. Man weiß, dass die Stadtherren bereits 1563 versucht haben, ihren Bürgern die Fasnacht zu verbieten. Schon damals hatten sie sich als „das alte Mensch", als Hexe oder alte Frau verkleidet. Noch heute ist der **gumpige Donnerstag** der Höhepunkt der Lauinger Fasnacht: Bei einem Fasnachtsspiel auf dem Rathausplatz verliert die Winterhexe „Schwertgoschin" ihren Kampf gegen die Frühlingsnarren. Der „Herr der Jahreszeiten" verurteilt sie zum Tode, woraufhin sie auf dem Scheiterhaufen verbrannt wird. Die zuschauenden Hexen feiern danach die ganze Nacht bis sie endgültig vom Frühling vertrieben werden.

Karl Aumiller

Früher zog an Pfingsten fast überall im Donauried der **Wasservogel** mit vier weiteren Jungen von Haus zu Haus. Heute wird dieser Brauch noch in Altenbaindt und in Unterbissingen, wo er „Pfingstvogel" genannt wird, gepflegt. Der „Wasservogel" wird dabei komplett mit Buchenzweigen eingepackt. An den Häusern sagen die fünf Buben den unten stehenden Spruch auf und bekommen Geld, Eier und Schmalz geschenkt. Der Wasservogel darf im Gegenzug von den Hausbewohnern mit Wasser übergossen werden. Wahrscheinlich sollte dieser Brauch früher für eine gute Ernte durch ausreichend Regen sorgen.

Pfingschdag, Pfingschdag, Alleluja!
D'r Wasservogel kommt g'floga über's Riad
ond macht de Baura 's Wasser driab
von oba bis unda,
sprengan's Brückle in da Boda,
wollan's wieder macha
mit Eisa ond mit Schpacha,
wollan's wieder ziera
mit Seida ond mit Schniera.
Wir Buaba send so wohlbekannt
ond geaban ons die rechte Hand.
Eier, Schmalz ond Geld
regiert die ganze Welt.
Vergelt's Gott!

?

Welche weiteren Bräuche kennst du aus deiner Gemeinde, deiner Familie und von Klassenkameraden, auch aus anderen Ländern? Erstelle eine Liste!

Sagen und Legenden

Der große Schimmel

Einst kam in Lauingen ein außergewöhnliches Schimmelfohlen zur Welt. Aus ihm wurde ein gewaltiges Ross. Fast fünf Meter lang soll es gewesen sein! Niemand durfte sich ihm nähern, nur von einem kleinen verkrüppelten Knecht ließ es sich pflegen und reiten. Eines Tages wurde der Lauinger Bürgermeister plötzlich schwer krank. Der nächste Arzt war Pater Severin in Donauwörth. Wie aber sollte man ihn über sechs Wegstunden schnell genug herbeiholen? Da bot der Knecht seine Hilfe an. Sofort schwang er sich auf das Pferd und galoppierte los. Ein mit Heu beladener Wagen versperrte das Stadttor Richtung Dillingen. Schnell riss der Knecht sein Pferd zur Seite. Mit einem gewaltigen Sprung überwanden Ross und Reiter Stadtmauer und Graben. In wildem Galopp ritt der Knecht nach Donauwörth, nahm den Pater hinter sich aufs Pferd und eilte zurück nach Lauingen. Zusammen retteten sie dem Bürgermeister das Leben.

Am Lauinger Marktplatz steht der berühmte Schimmelturm. Seinen Namen hat er von dem springenden Pferd, das am unteren Stockwerk zu sehen ist. Es ist auch am Gasthaus „Zum Schimmel" in der Herzog-Georg-Straße an die Hausfront gemalt.

Der Hoimann und das Wilde Gjäg

Rund um Wertingen trieben sich früher nachts zwei unheimliche Erscheinungen herum. Eine war der „Hoimann", der immer „Hoi, hoi" rief. Er versuchte, die Menschen in die Irre zu führen. Einmal erschien er als Zwerg, ein anderes Mal als großer Mann. Ohne zu wissen, woher er kam, sahen ihn Wanderer plötzlich vor sich hergehen. Er winkte freundlich und man musste ihm so lange willenlos folgen, bis man sich verlaufen hatte. Dann verschwand der Hoimann laut lachend mit seinem Ruf „Hoi, hoi!". Wenn Pferde ihn schreien hörten, schnaubten sie ängstlich und machten keinen Schritt mehr. Hunde suchten Schutz bei ihren Herrchen.

Die zweite Erscheinung war das „Wilde Gjäg". Es lockte Reisende mit wunderschöner Musik und herrlichen Düften. Sie waren so anziehend, dass man unbedingt wissen wollte, woher sie kamen! Doch die bezaubernde Musik verwandelte sich in abscheuliches Geschrei und der Duft wurde zu unerträglichem Gestank. Plötzlich blies ein starker Sturm und Raben flogen in der Luft. Manche Reisende trug das „Wilde Gjäg" mehrere Meilen weit!

Der Fluch des Riedweibes

Im Mittelalter wollten die Höchstädter Stadtherren ihr Gebiet immer mehr vergrößern und griffen deshalb die umliegenden Burgen an. Einmal hatten sie leichtes Spiel. Die Thürheimer Burgherren waren verreist und so überrumpelten sie die verbliebenen Burgbewohner. Rechtzeitig vor Einbruch der Dunkelheit ritten die Angreifer über das moorige Ried mit seinen tückischen Sumpflöchern zurück nach Höchstädt.

Ein Reiter hatte den Aufbruch versäumt. Allein konnte er nicht auf der feindlichen Burg bleiben. Den sicheren Weg zurück durch das Ried kannte er nicht. Deshalb schnappte er sich eine junge Magd und zwang sie, ihm den Weg zu zeigen. Als die ersten Lichter von Höchstädt auftauchten, überließ er sie ihrem Schicksal. Im Dunkeln verirrte sich die Magd und geriet immer tiefer ins Moor. Bevor sie versank, stieß sie einen grässlichen Fluch aus: „Alle Leute, die nachts durchs Ried laufen, sollen genauso sterben wie ich!"

Seit dieser Zeit zündet „das Riedweib", wie die verschwundene Magd seit Jahrhunderten genannt wird, ihre Irrlichter an, um die Menschen ins Ried zu locken. Einheimische meiden deshalb bei Nacht das Donauried, denn manchmal sieht man auch heute noch Lichter aufblitzen.

Der Bote Gottes

Früher lebten auf der Burg in Dillingen die „Grafen zu Dillingen". Zu ihrem Besitz gehörte auch die Burg Wittislingen. Dort wurde um 890 der kleine Ulrich geboren. Als das Kind einige Monate alt war, zog die junge Familie in die Burg nach Dillingen. Bald darauf erkrankte Ulrich so schwer, dass die Eltern dachten, ihr Sohn müsse sterben. Weinend saß die Mutter an seinem Bettchen. Plötzlich ging die Tür auf und ein ehrwürdiger Greis in einer Mönchskutte erschien. Er hob segnend die Hände und sprach: „Seid getrost, euer Kind wird nicht sterben. Doch müsst ihr mit ihm so schnell wie möglich an seinen Geburtsort zurückkehren. Aus ihm wird ein großer Mann werden, ein Heiliger, und sein Ruhm wird auch nach Jahrtausenden nicht erlöschen."

Voller Hoffnung traf die Mutter sofort die nötigen Vorbereitungen für den Umzug. Den Greis, auf den nun niemand mehr achtete, sah man niemals wieder. Die Eltern waren fest davon überzeugt, dass kein anderer als der liebe Gott selbst den Boten gesandt hatte! Aus dem kleinen Jungen wurde der heilige Ulrich.

Spitzenbärtele

In der Bissinger Stegmühle arbeitete früher ein Knecht, der die Häckselmaschine drehen musste. Eines Tages schrie er wütend: „Das Häckseln soll der Teufel holen!" Und schon stand dieser vor ihm und sprach: „Wenn du mir deine Seele gibst, kann ich dir helfen. Du brauchst nur deine Mütze an die Maschine hängen, dann arbeitet sie für dich." Das gefiel dem Knecht, nur der Preis war ihm zu hoch. Nach langem Handeln einigten sie sich darauf, dass der Vertrag so lange gelten sollte, bis der Knecht den Namen des Teufels herausgefunden habe.

Lange Zeit verging. Die Maschine lief von alleine. Der Knecht hatte wenig Arbeit und wurde immer fauler. Bald tat ihm die Abmachung mit dem Teufel Leid. Als der Knecht eines Morgens den Mist wegfuhr, sah er den Teufel auf einem Baum schadenfroh tanzen: „Ich bin froh, dass er nicht weiß, dass ich Spitzenbärtele heiß!" Da rief der Knecht hinauf: „Jetzt weiß ich, wie du heißt! Spitzenbärtele! Meine Seele gehört jetzt wieder mir." Von diesem Tag an musste der Knecht die Häckselmaschine wieder eigenhändig bedienen. Und er tat es gerne!

Das Feuermännlein vom Goldberg

Auf dem Goldberg hauste einst das Feuermännlein. Mancher Wanderer begegnete dem Wichtel im Wald. Jeder in der Umgebung wusste, dass er auf seine Fragen nicht antworten durfte. Wer es trotzdem tat, musste wenig später sterben.

Einmal wanderte ein neugieriger Bauer über den Goldberg nach Lutzingen. Zu gern hätte er das Feuermännlein getroffen. Da er noch lange nicht sterben wollte, war er fest entschlossen, nicht zu antworten. Plötzlich erschien das Feuermännlein mitten im Wald und begann ihn auszufragen. Der Bauer aber schwieg und ging seines Weges. Da wurde das Feuermännlein fuchsteufelswild und schlug mit den Fäusten um sich. Der schlaue Bauer rannte so schnell er konnte davon. Er hatte das Feuermännlein so wütend gemacht, dass es lange Zeit niemand mehr wagte, den Goldberg zu betreten.

An der Goldberg-Alm startet eine Lauschtour, bei der du mehr über seine Geschichten und Sagen erfahren kannst.

Gibt es aus deiner Gemeinde Sagen?
Lies auch die weiteren Geschichten im Buch!

Heimatmuseen

Die Heimatmuseen im Landkreis Dillingen geben Einblicke in die Geschichte und Traditionen der Orte. Sie zeigen, wie es in unserer Gegend früher ausgesehen hat, wie die Menschen gelebt, gearbeitet und gefeiert haben.

Heimatmuseum Wertingen

Im Schloss Wertingen sind das Rathaus und das Heimatmuseum untergebracht. Deshalb ist das Museum im Gegensatz zu den anderen Museen im Landkreis häufiger geöffnet, nämlich immer zu den Bürozeiten des Rathauses. Auf den Fluren kannst du auf drei Etagen verteilt z.B. landwirtschaftliche Geräte, eine alte Ausrüstung der Feuerwehr und einen Kerker anschauen. Ausgrabungsfunde ab der Steinzeit und die Darstellung der Schlacht in Wertingen 1805 führen dich durch Wertingens Geschichte.

Lauinger Heimathaus

Das älteste Museum im Landkreis ist das Lauinger Heimathaus in einem ehemaligen Gebäude des St.-Agnes-Klosters. Es existierte schon 1783. Dort wird auch das alte Stadtsiegel aus der Zeit der Staufer gezeigt. Im Erdgeschoss sind viele Ausgrabungsfunde ausgestellt: Werkzeuge aus der Steinzeit, Schmuck und Waffen der Alemannen und Kelten sowie römische Schlüssel. Eine Etage höher kannst du viel über die Stadtgeschichte erfahren. Das große Gemälde, das die Belagerung durch Karl V. zeigt (Seite 22), hing lange im Rathaus und ist heute das wertvollste Stück des Museums.

Mooseum Bächingen

In Bächingen gibt es seit einigen Jahren ein Museum, in dem die Naturschönheiten des Schwäbischen Donautals präsentiert werden. In der Ausstellung im Erdgeschoss kannst du die unterschiedlichen Landschaften kennenlernen: Auwald, Niedermoor und Riedlandschaft.

Heimathaus Blindheim

Im ehemaligen Zillernbauernhof haben die Blindheimer neben ihrem Rathaus auch ein Heimatmuseum eingerichtet. Hier zeigen sie, wie man in Blindheim früher gelebt und gewohnt hat. Außerdem gibt es einige Ausgrabungsstücke aus der Steinzeit und Fundstücke der Schlacht von 1704 zu sehen.

Es gibt noch mehr zu sehen

Seit 2002 gibt es in Lauingen eine **Mineraliensammlung,** in der auch die von Albertus-Magnus beschriebenen Mineralien gezeigt werden. Kunstinteressierte können jedes Jahr drei Ausstellungen in der **Städtischen Sammlung für zeitgenössische Kunst** in Wertingen besuchen. In Wertingen gibt es außerdem noch drei besondere kleine Museen: das **Ofenmuseum**, das **Brauereimuseum** und das **Radiomuseum**. In Holzheim erklären Imker an ihrem **Lehrbienenstand** Interessantes über die Imkerei.

In der ersten Etage wird gezeigt, wie der Mensch die Natur genutzt und teilweise zerstört hat. Bei Mitmachaktionen kannst du z.B. Kräuter „erriechen". Für Kinder und Schulklassen gibt es eigene Veranstaltungen. Mit dem Donaumobil kommen die Mitarbeiter auf Wunsch in eure Gemeinde, um dort mit euch die Natur zu erkunden.

Stadt- und Hochstiftmuseum Dillingen

Im ehemaligen Stiftshaus in der Dillinger Altstadt kannst du auf vier Etagen die Geschichte erforschen. Ein Ofen zeigt dir, wie die Kelten früher Eisen geschmolzen haben. Im gleichen Stockwerk kannst du römische Funde aus Faimingen und den Meilenstein aus Gundelfingen bestaunen. Im Nebenraum sind viele Schmuckstücke, Waffen und Gefäße vom alemannischen Gräberfeld in Schretzheim ausgestellt. Wichtigen Persönlichkeiten der Stadt sind eigene Räume gewidmet: Wilhem Bauer und Sebastian Kneipp. Im Keller kannst du in einer Kerkerzelle nachfühlen, wie es dem berüchtigten Räuberhauptmann, dem „Bayerischen Hiasl", bis zu seiner Hinrichtung in Dillingen erging. Das Obergeschoss verrät dir mehr zur Geschichte des Hochstifts und der Universität.

Schloss Höchstädt

Im Schloss Höchstädt sind gleich mehrere Museen unter einem Dach untergebracht. Eine Dauerausstellung gibt es zur **Schlacht von Höchstädt 1704**. Du kannst dort sehen, was man alles auf den Schlachtfeldern gefunden hat: Waffen, Kanonenkugeln und sogar Totenköpfe. Das **Museum Deutscher Fayencen** stellt kunstvoll gestaltete Fayencen aus und bietet eigene Führungen für Kinder an. Im **Forum der Schwäbischen Geschichte** werden Sonderausstellungen gezeigt.

www.schloss-hoechstaedt.de

Heimatmuseum Höchstädt

Bekannt ist das Heimatmuseum im alten Rathaus für die 7000 Zinnsoldaten, mit denen die Schlacht von Höchstädt nachgestellt wird (Seite 24).

Im Obergeschoss erinnern Gemälde berühmter Wittelsbacher an das Herzogtum Pfalz-Neuburg, zu dem Höchstädt früher gehörte. Außerdem zeigen die Museumsräume das frühere religiöse Brauchtum und Leben der Handwerker und Bauern. Du kannst sehen, wie ein Schuster gearbeitet hat und wie man Leinen gewebt und bedruckt hat. Im gleichen Gebäude ist auch die Stadtbücherei untergebracht.

> Ein kleines Heimatmuseum könnt ihr auch in eurer Klasse aufbauen: Fragt eure Eltern, Großeltern und Nachbarn, ob sie noch alte Dinge aus eurer Umgebung aufgehoben haben. Das können zum Beispiel alte Fotos, Werkzeuge, Haushaltsgegenstände oder Zeitungsartikel sein. Überlegt gemeinsam, was eure Fundstücke über das frühere Leben und die Geschichte eurer Gemeinde verraten.

Natur im Landkreis

In unserem Landkreis kann man nicht nur schöne historische Städte und Gemeinden, sondern auch viel Natur entdecken! Es gibt vier verschiedene Lebensräume für Tiere und Pflanzen: Das flache Donautal mit Auwäldern, Niedermooren und vielen Seen. Südlich davon liegt der Naturpark Westliche Wälder und im Norden die Schwäbische Alb sowie die Juralandschaft im Nordwesten. Damit die Menschen Rücksicht auf die Lebensräume der Tiere und Pflanzen nehmen, wurden Schutzgebiete festgelegt, in denen bestimmte Regeln gelten. Um den Artenreichtum oder besondere Lebensräume zu erhalten, werden Gebiete zum **Naturschutzgebiet** erklärt. Hier nimmt man besondere Rücksicht auf den Schutz von seltenen Tieren und Pflanzen. So dürfen zum Beispiel keine Blumen gepflückt oder Pflanzen herausgerissen werden.

Im Landkreis gibt es vier Naturschutzgebiete: Das Auwaldgebiet **„Apfelwörth"** (Bild: Vogelbeobachtungsturm) östlich von Gremheim, die Niedermoore **„Gundelfinger Moos"** und **„Dattenhauser Ried"** sowie das **„Naturschutzgebiet mit Naturwaldreservat Neugeschüttwörth"**.

1) In welchem Naturraum liegt deine Gemeinde?
2) Gibt es ein Schutzgebiet in deiner Umgebung?
3) Was darf man in einem Naturschutzgebiet nicht machen?

Tipp: Viele spannende Informationen zu den Niedermooren und Auwäldern erhältst du im Mooseum in Bächingen!

Niedermoore

Früher gab es ausgedehnte Moore im Donautal. Durch die Landwirtschaft, den Kiesabbau und die Entwässerung finden wir sie heute nur noch in Schutzgebieten. Das **Gundelfinger Moos** ist das größte Moor. Dort sieht man noch viele „Streuwiesen". So nennt man feuchte Wiesen, die früher einmal im Jahr von den Bauern gemäht wurden. Es ist wichtig, dass die „Streumahd" auch heute noch gemacht wird, da die Wiesen sonst zuwachsen. Viele Tiere und Pflanzen würden dann ihren Lebensraum verlieren. In Tümpeln und Gräben steht das ganze Jahr über Wasser. Dort leben zum Beispiel Frösche.

Die Niedermoore sind wichtige Lebensräume für **Zugvögel**: Auf ihrer Reise machen sie hier Station und locken viele Vogelbeobachter an. Im Sophienried (Bild) gibt es Türme, von denen aus du Vögel beobachten kannst.

Michael Mack

Auwald

Der Auwald ist der artenreichste Lebensraum im Donautal. Früher wurde er jedes Jahr überflutet, das passiert seit der Begradigung der Donau nur noch selten. Die Altwassergebiete in den Wäldern wurden bei diesen **Überschwemmungen** mit Wasser gefüllt. In den Auwäldern leben viele

Blick über Holzheim auf das Donauried

Wasservögel, zum Beispiel der Eisvogel (Bild). Besonders schön anzusehen ist der Auwald, wenn die ersten Bäume noch kein Laub haben, aber die Frühblüher den ganzen Waldboden bedecken. Bei einer Wanderung auf dem Auwaldrundweg in Gundelfingen, Lauingen und Dillingen kannst du viel über die Auwälder erfahren!

Schwäbische Alb

Die Hänge der Schwäbischen Alb im Norden sind meist von Wäldern bewachsen. Typisch für diese Landschaft sind **Buchenwälder** wie im Kesseltal. Es gibt noch viele **Greifvögel**. Häufig sind der „Rote Milan" (Bild) und der Wespenbussard. Zwischen den Wäldern findet man **Halbtrockenrasen**, die durch die Beweidung mit Schafen entstanden sind. Da die Schafe hohe Gräser und kleine Bäume fressen, kann hier kein Wald entstehen. Stattdessen blühen viele schöne Wildblumen und man sieht seltene Schmetterlinge. Leider werden diese Heide- und Rasenflächen heute kaum mehr beweidet, so dass wieder viele Bäume wachsen und neuer Wald entsteht.

Thomas Kraft

Interview mit dem Förster

Schüler: Welche Bäume gibt es in unseren Wäldern?

Förster: Im Landkreis muss man zwei Waldarten unterscheiden: Der Auwald an der Donau besitzt viele Laubbäume wie Esche, Ahorn, Eiche und Weide. In den Mischwäldern der Höhenzüge gibt es Fichten, Eichen und Buchen.

Schüler: Welche anderen Pflanzen wachsen im Wald?

Förster: Sehr häufig sind Sträucher wie Weißdorn, Haselnuss oder Hartriegel. Am bekanntesten sind natürlich Himbeeren und Brombeeren. Verbreitet ist außerdem der Bärlauch im Auwald an der Donau.

Schüler: Warum haben einige Bäume farbige Zeichen?

Förster: Damit markiert der Förster die Bäume, die abgeholzt werden müssen. Gründe dafür können ihr hohes Alter, Fehlwuchs durch Krankheiten oder Auslichtung zum Schutz junger, gesunder Bäume sein.

Schüler: Und was für Tiere leben in unseren Wäldern?

Förster: Weit verbreitet sind Reh, Wildschwein, Fuchs, Dachs und Feldhase. Wildschweine gibt es so viele, dass sie zu einem Problem geworden sind.

Schüler: Wovon ernähren sich die Waldtiere?

Förster: Rehe sind Pflanzenfresser und ernähren sich von Kräutern, Gräsern und den Trieben junger Bäume. Diese werden deshalb oft in Baumschulen eingezäunt. Wildschweine sind Allesfresser. Sehr gerne mögen sie den Mais, der auf Feldern als Tierfutter oder für Biogasanlagen angebaut wird. Im Winter, wenn die Tiere wenig Futter finden, füttert der Jäger manchmal mit Mais und Getreide. Bekannt sind auch die Salzlecksteine.

Schüler: Warum müssen die Tiere gejagt werden?

Förster: Um den Bestand der Tiere im Gleichgewicht zu halten, weil natürliche Feinde fehlen. Bejagt werden vor allem junge sowie alte und kranke Tiere, um einen gesunden und artenreichen Bestand zu erhalten.

Der Förster führt Schüler durch den Dillinger Auwald.

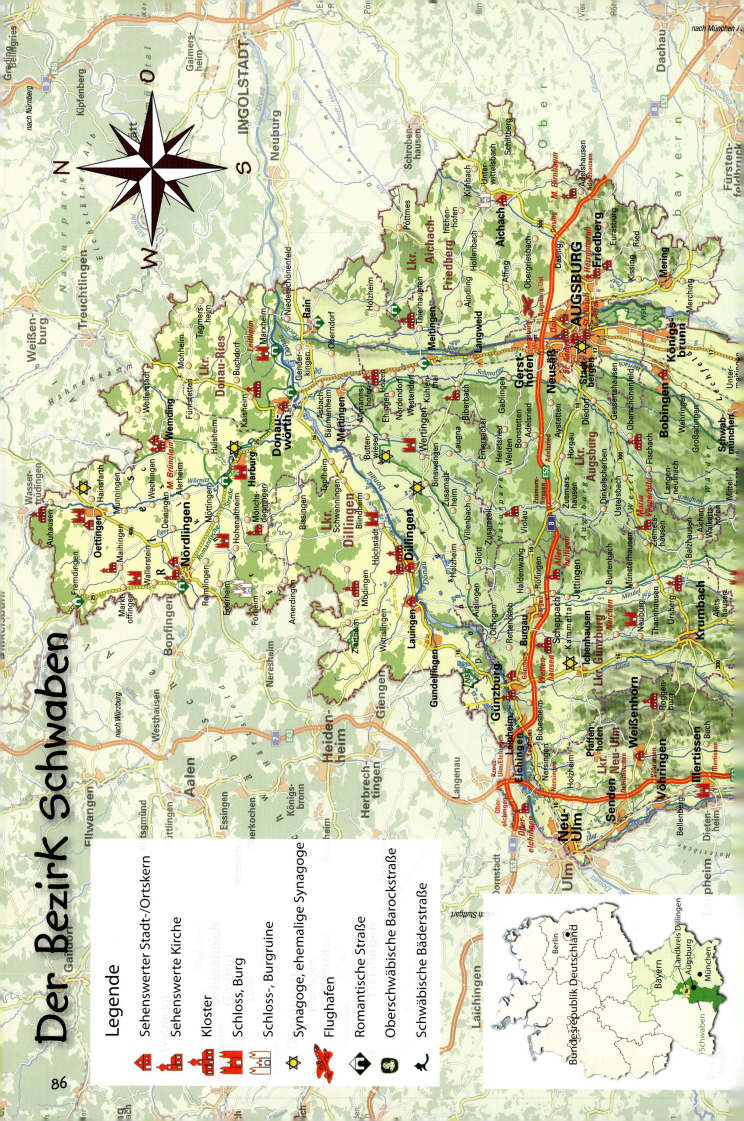

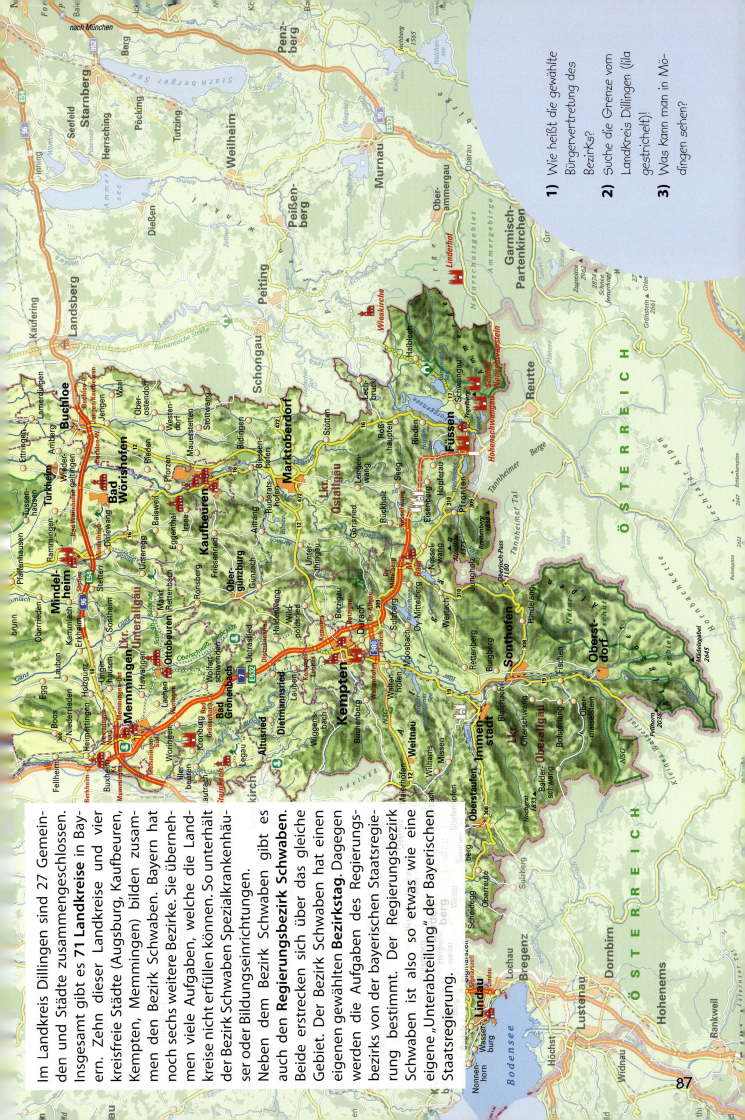

1) Wie heißt die gewählte Bürgervertretung des Bezirks?
2) Suche die Grenze vom Landkreis Dillingen (lila gestrichelt)!
3) Was kann man in Mödingen sehen?

Im Landkreis Dillingen sind 27 Gemeinden und Städte zusammengeschlossen. Insgesamt gibt es **71 Landkreise** in Bayern. Zehn dieser Landkreise und vier kreisfreie Städte (Augsburg, Kaufbeuren, Kempten, Memmingen) bilden zusammen den Bezirk Schwaben. Bayern hat noch sechs weitere Bezirke. Sie übernehmen viele Aufgaben, welche die Landkreise nicht erfüllen können. So unterhält der Bezirk Schwaben Spezialkrankenhäuser oder Bildungseinrichtungen.

Neben dem Bezirk Schwaben gibt es auch den **Regierungsbezirk Schwaben.** Beide erstrecken sich über das gleiche Gebiet. Der Bezirk Schwaben hat einen eigenen gewählten **Bezirkstag.** Dagegen werden die Aufgaben des Regierungsbezirks von der bayerischen Staatsregierung bestimmt. Der Regierungsbezirk Schwaben ist also so etwas wie eine eigene „Unterabteilung" der Bayerischen Staatsregierung.

Schulen im Landkreis

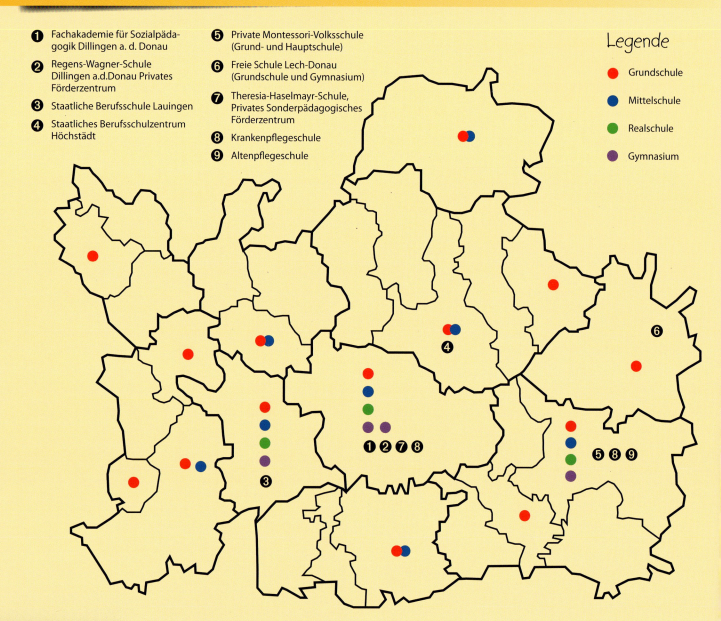

❶ Fachakademie für Sozialpädagogik Dillingen a. d. Donau
❷ Regens-Wagner-Schule Dillingen a.d.Donau Privates Förderzentrum
❸ Staatliche Berufsschule Lauingen
❹ Staatliches Berufsschulzentrum Höchstädt
❺ Private Montessori-Volksschule (Grund- und Hauptschule)
❻ Freie Schule Lech-Donau (Grundschule und Gymnasium)
❼ Theresia-Haselmayr-Schule, Privates Sonderpädagogisches Förderzentrum
❽ Krankenpflegeschule
❾ Altenpflegeschule

Legende
● Grundschule
● Mittelschule
● Realschule
● Gymnasium

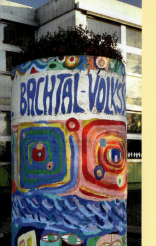

Bildungslandkreis Dillingen

Im Landkreis Dillingen sind die Schüler gut versorgt: In vielen Gemeinden gibt es noch eine **Grundschul**e am Ort. Die **acht Mittelschulen, drei Realschulen, vier Gymnasien** und **zwei Berufsschulen** liegen vor allem in den Donaustädten. Eine lange Tradition haben die **Sonder- und Förderschulen** für Schüler mit Lernschwierigkeiten und Behinderungen. Die erste Schule (eine Taubstummenschule für Mädchen) wurde schon 1847 von Schwester Theresia Haselmayr und dem Priester Johann Evangelist Wagner gegründet. Durch das Engagement der Dillinger Franziskanerinnen und der Regens-Wagner-Stiftungen wurde diese für andere Förderschulen zum erfolgreichen Vorbild.

Im Bildungslandkreis Dillingen gibt es auch für Erwachsene eigene Angebote: Die **Volkshochschulen** bieten in den Gemeinden Kurse an. In Lauingen finden Fortbildungen der **Bayerischen Verwaltungsschule** statt, im Rosenschloss Schlachtegg in Gundelfingen werden Floristen weitergebildet. Besonders stolz ist man im Landkreis auf die **„Akademie für Lehrerfortbildung und Personalführung"** im ehemaligen Universitätsgebäude in Dillingen. Hier dürfen die Lehrer aus ganz Bayern nochmal die Schulbank drücken.

Nicht zuletzt aufgrund seines vielfältigen schulischen Bildungsangebotes wurde der Landkreis Dillingen a. d. Donau im Jahr 2016 durch das Bayer. Kultusministerium als „Bildungsregion in Bayern" ausgezeichnet.